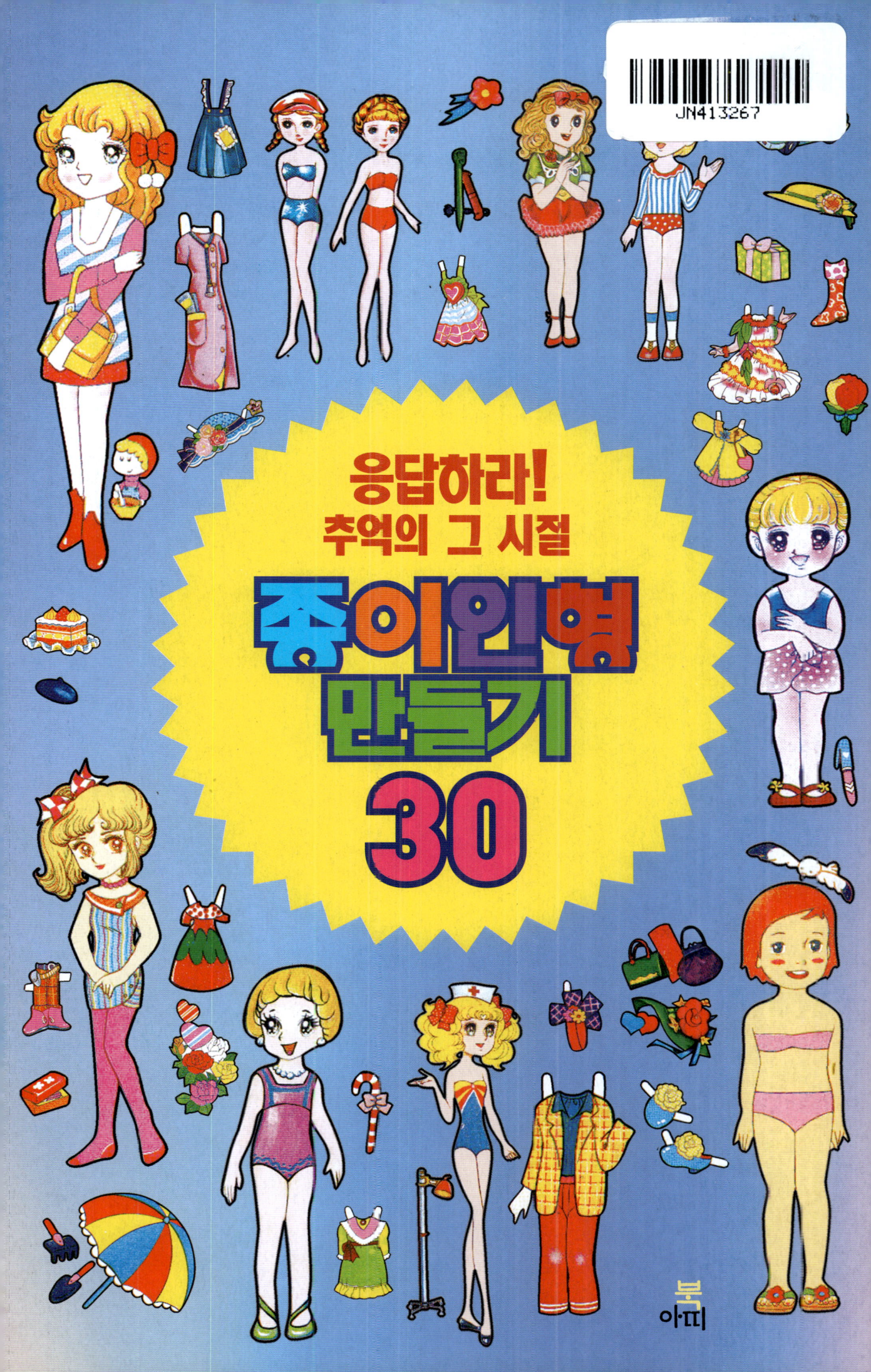

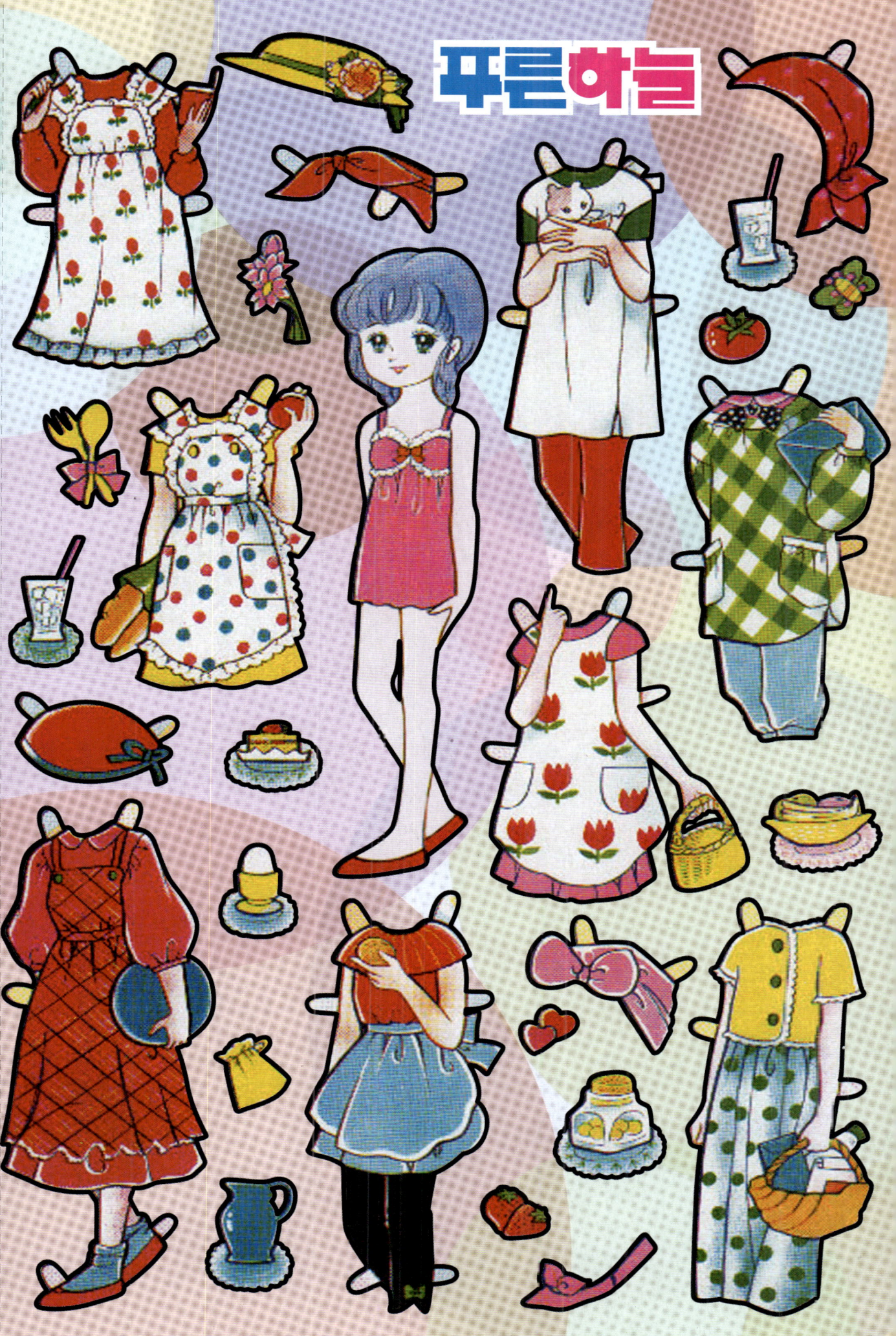

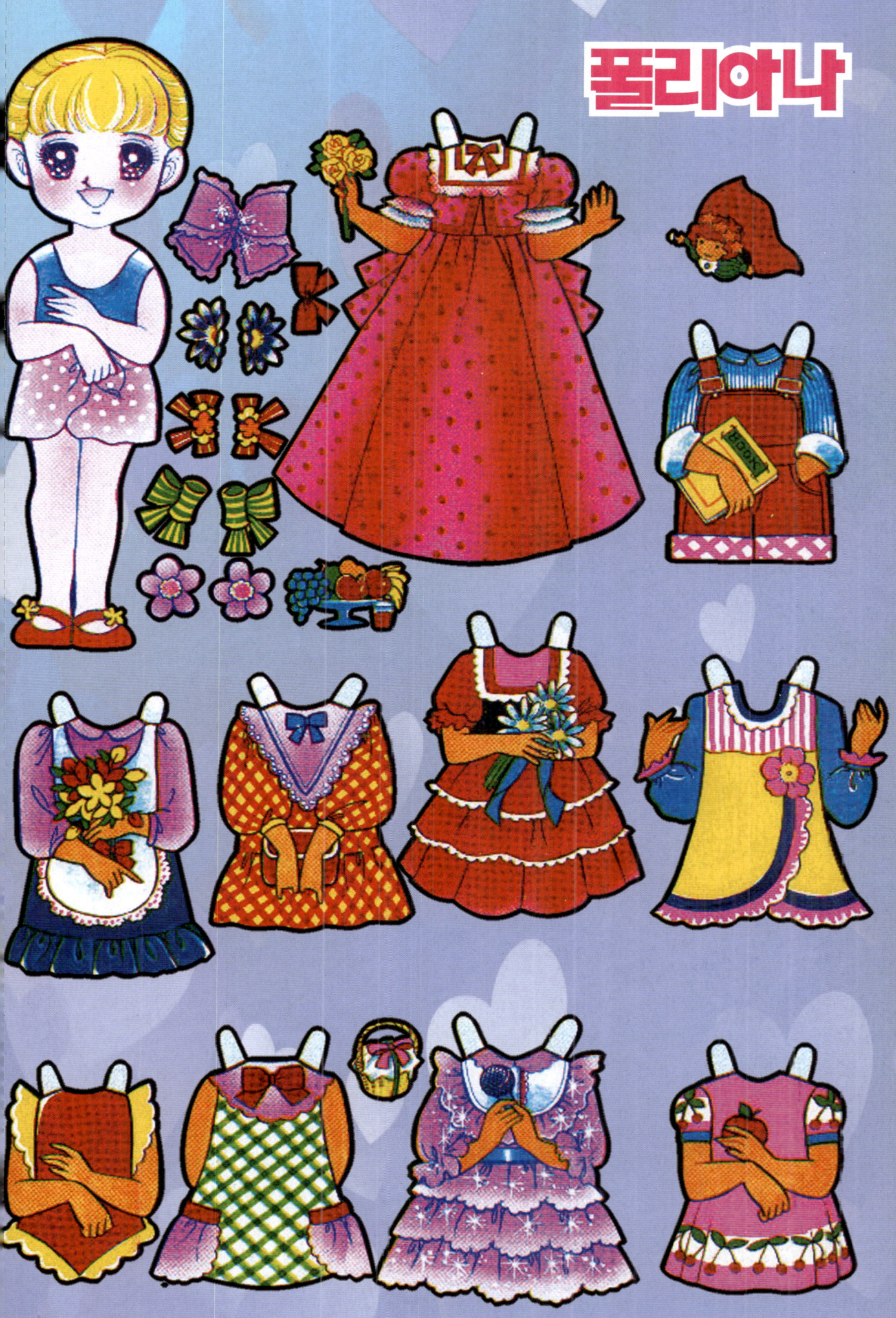

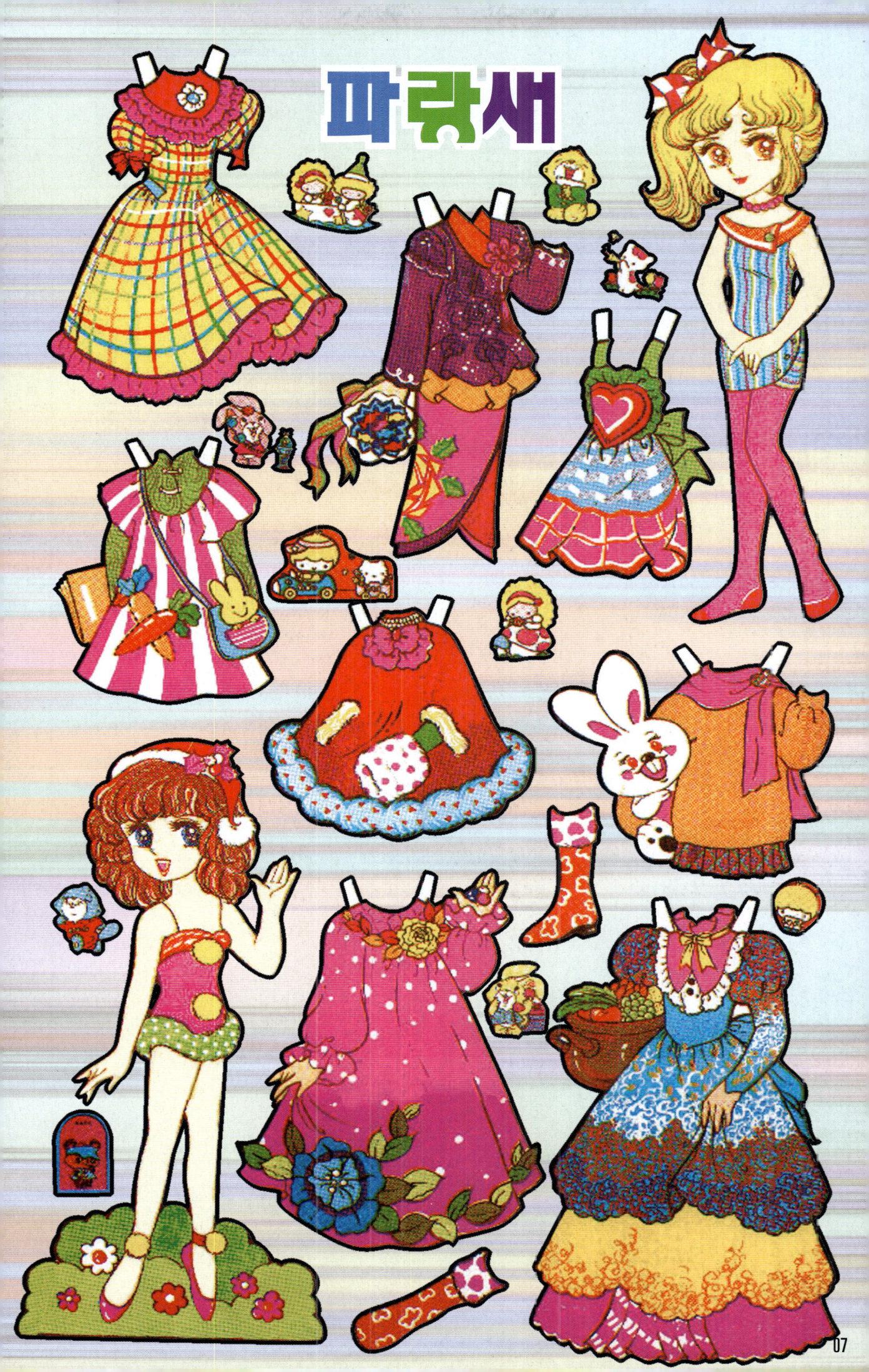

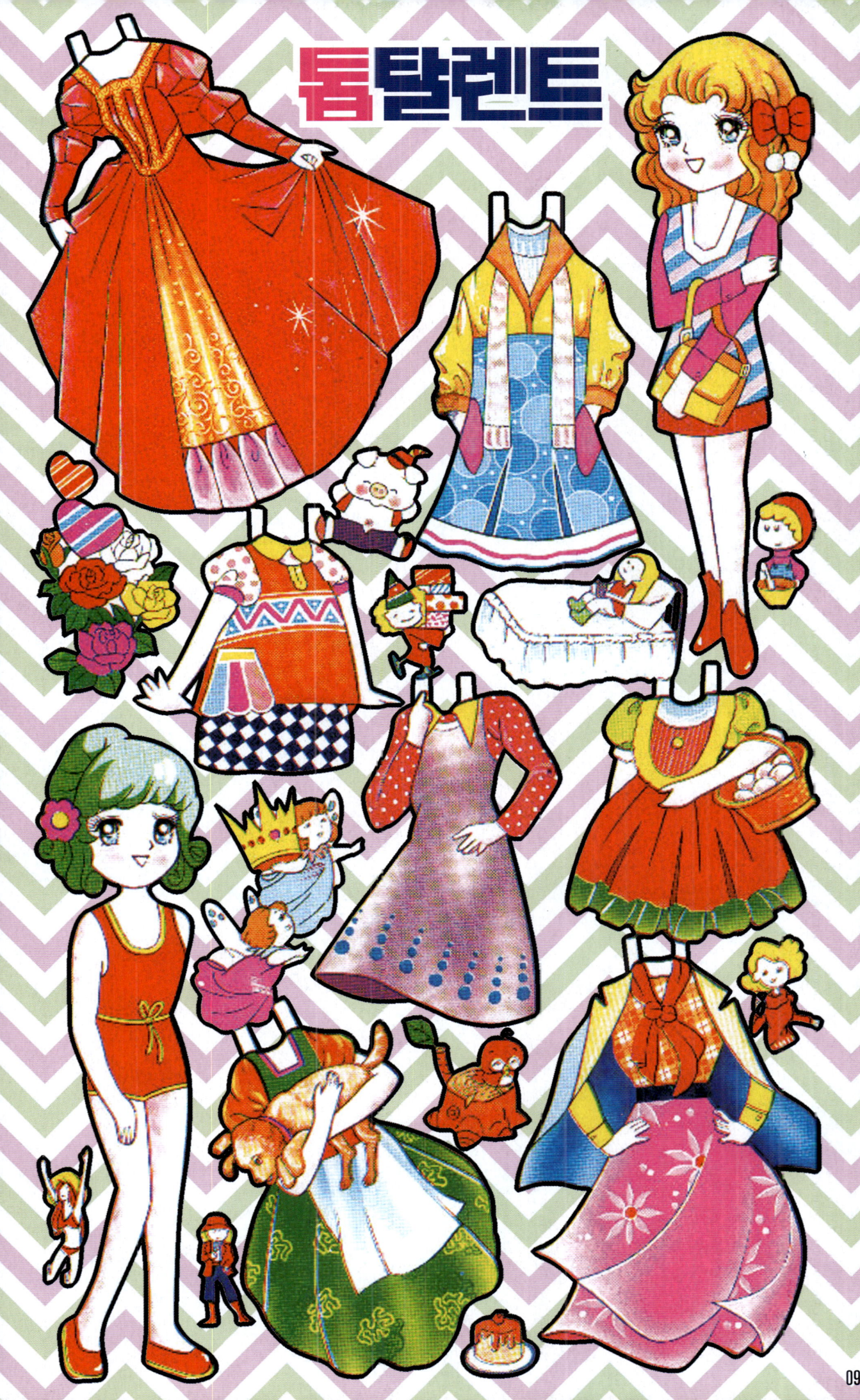

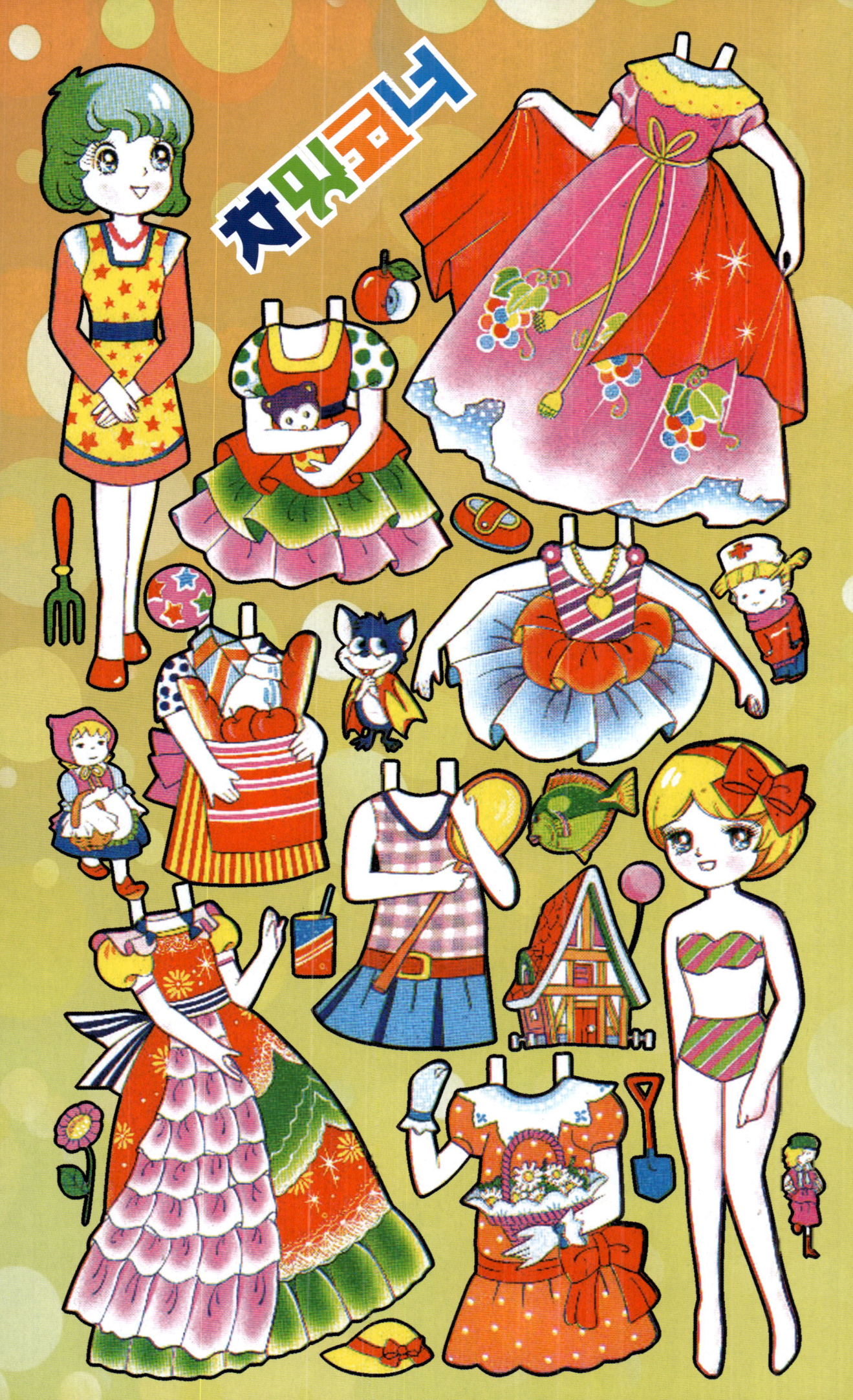

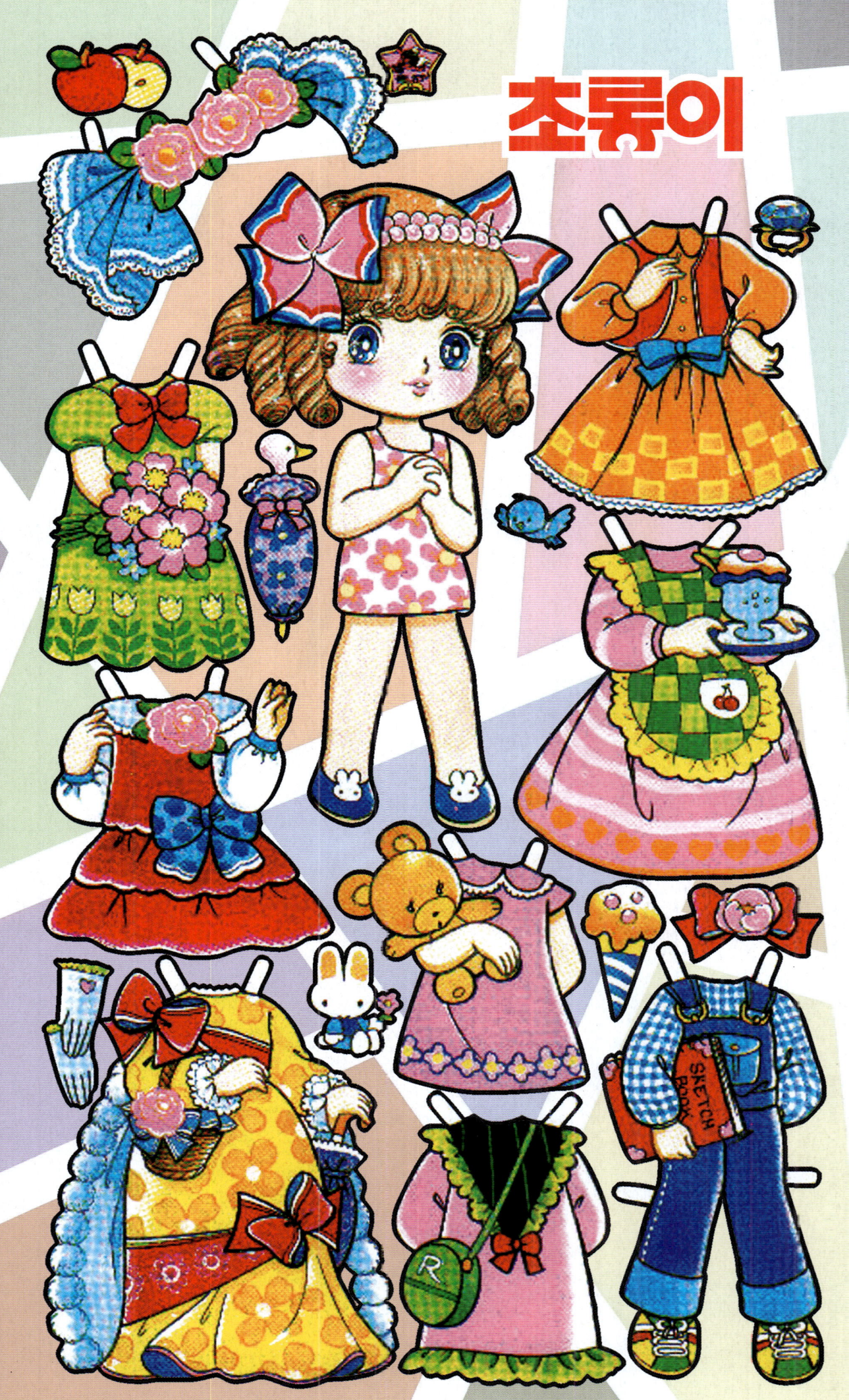

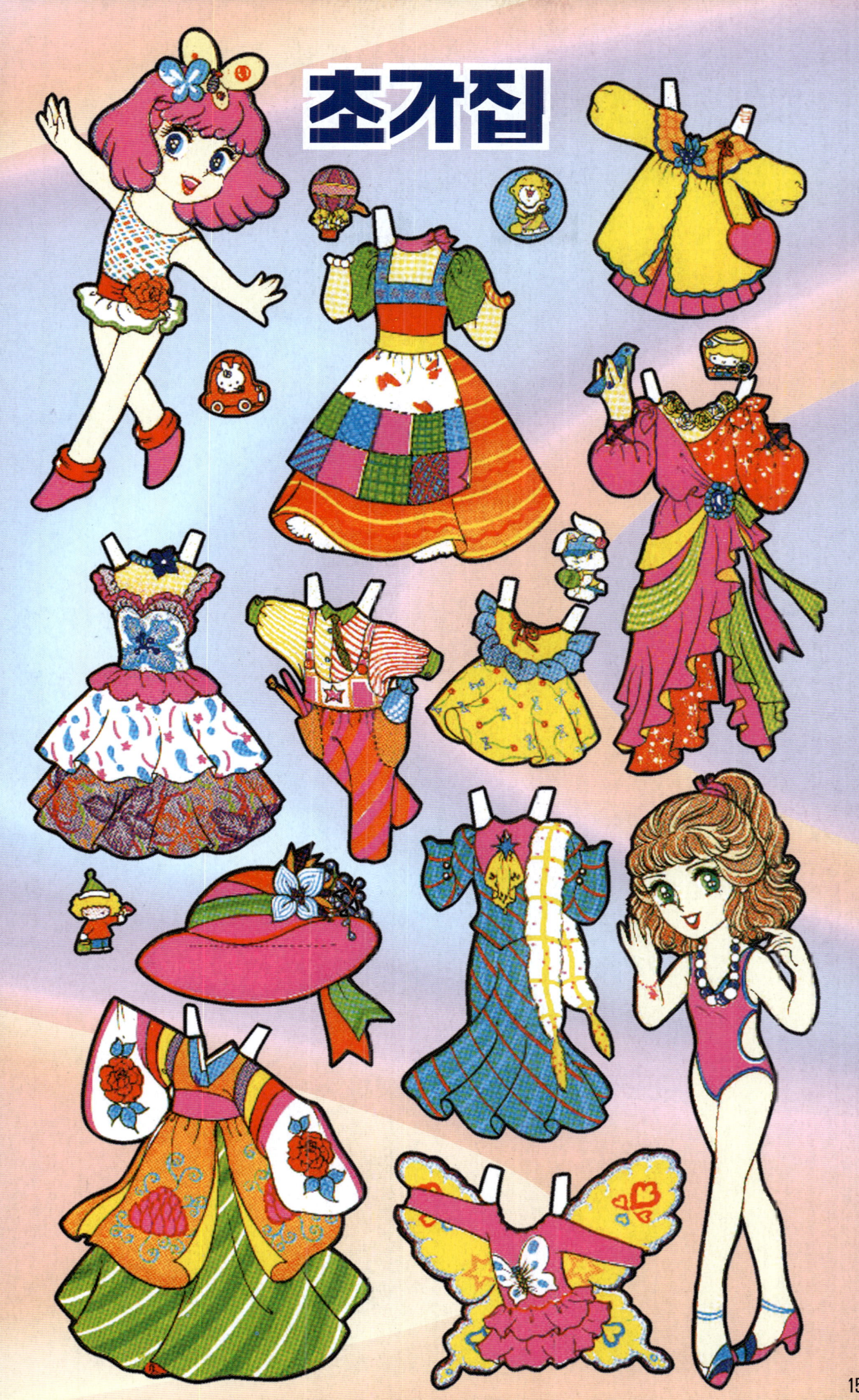

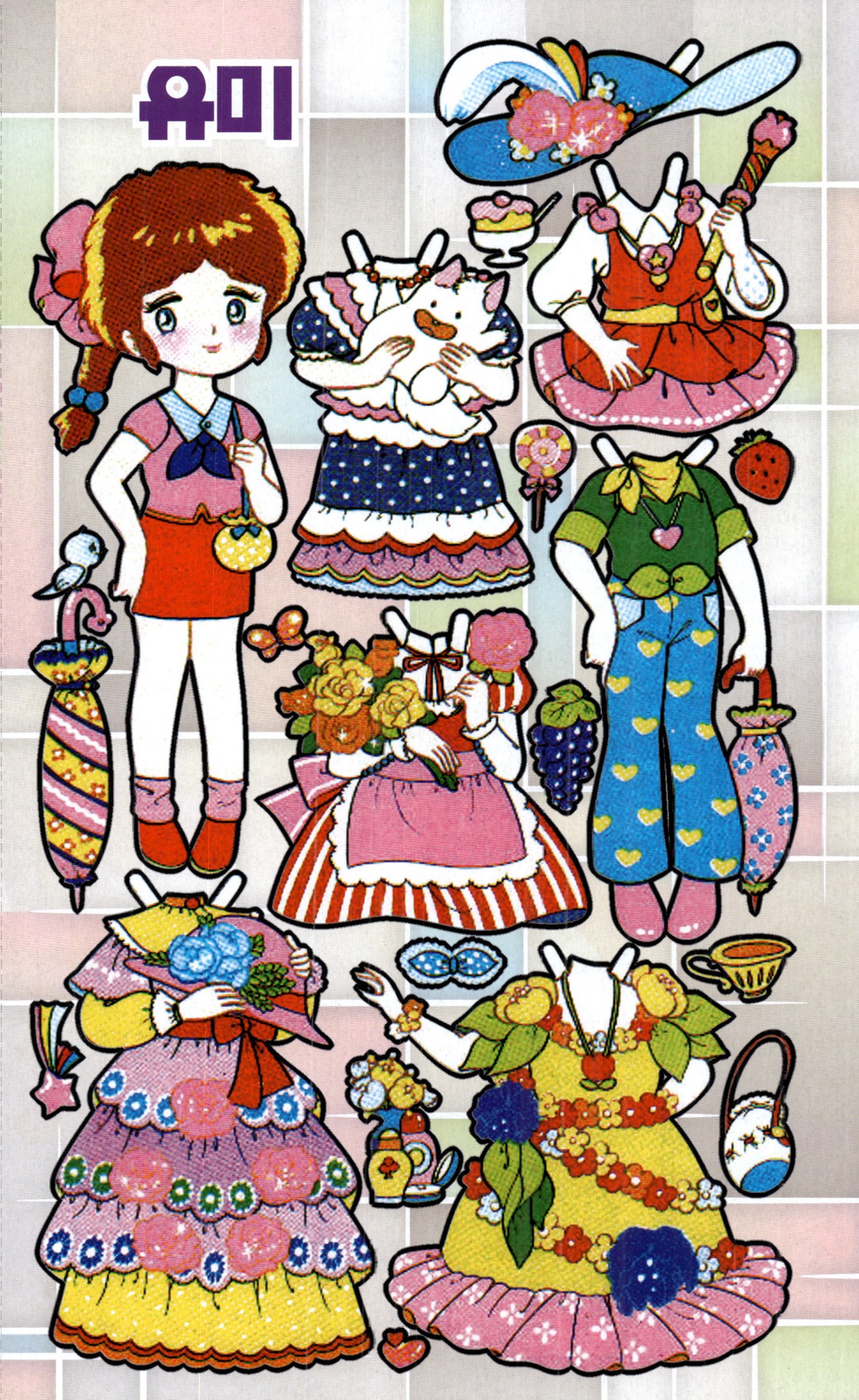

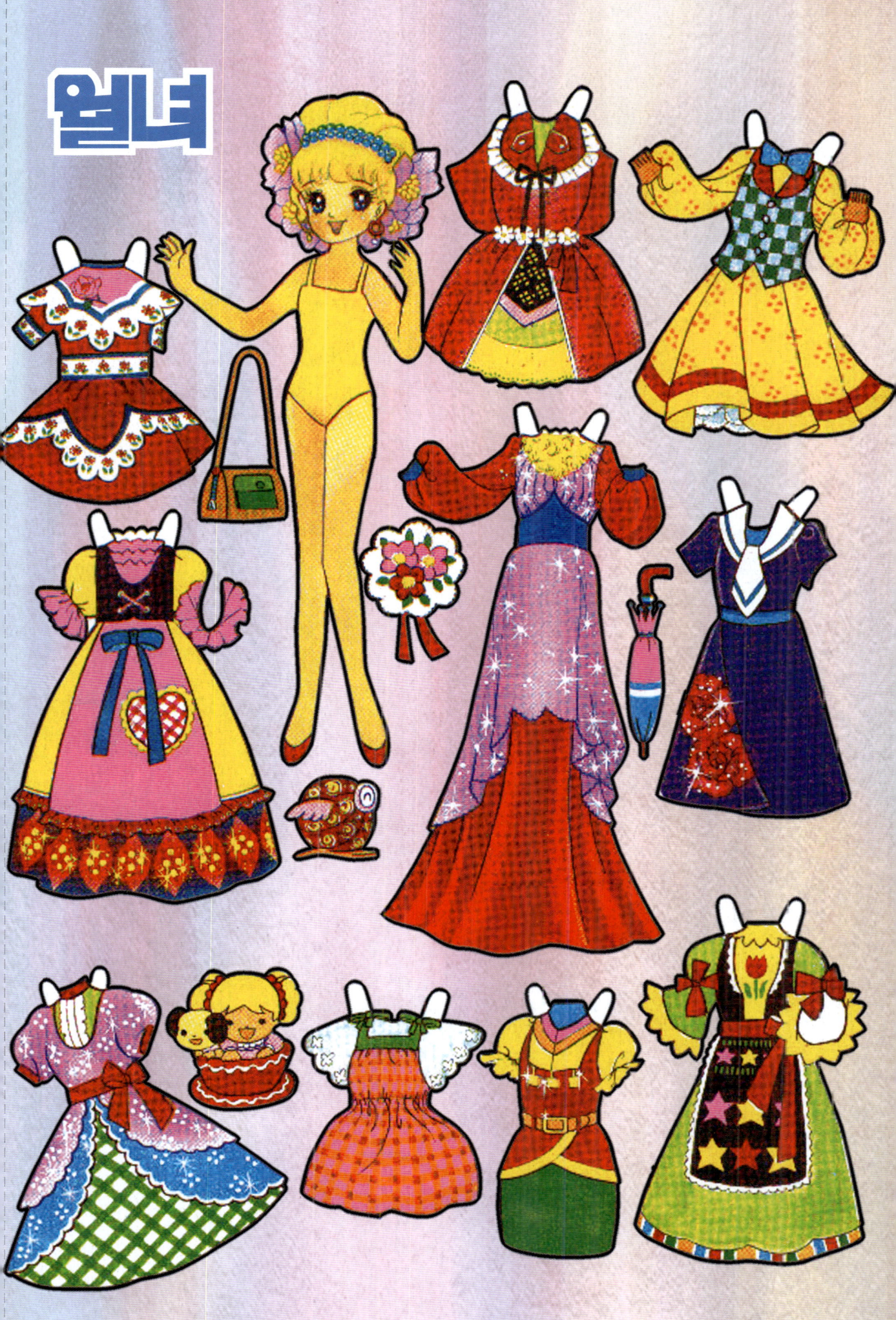

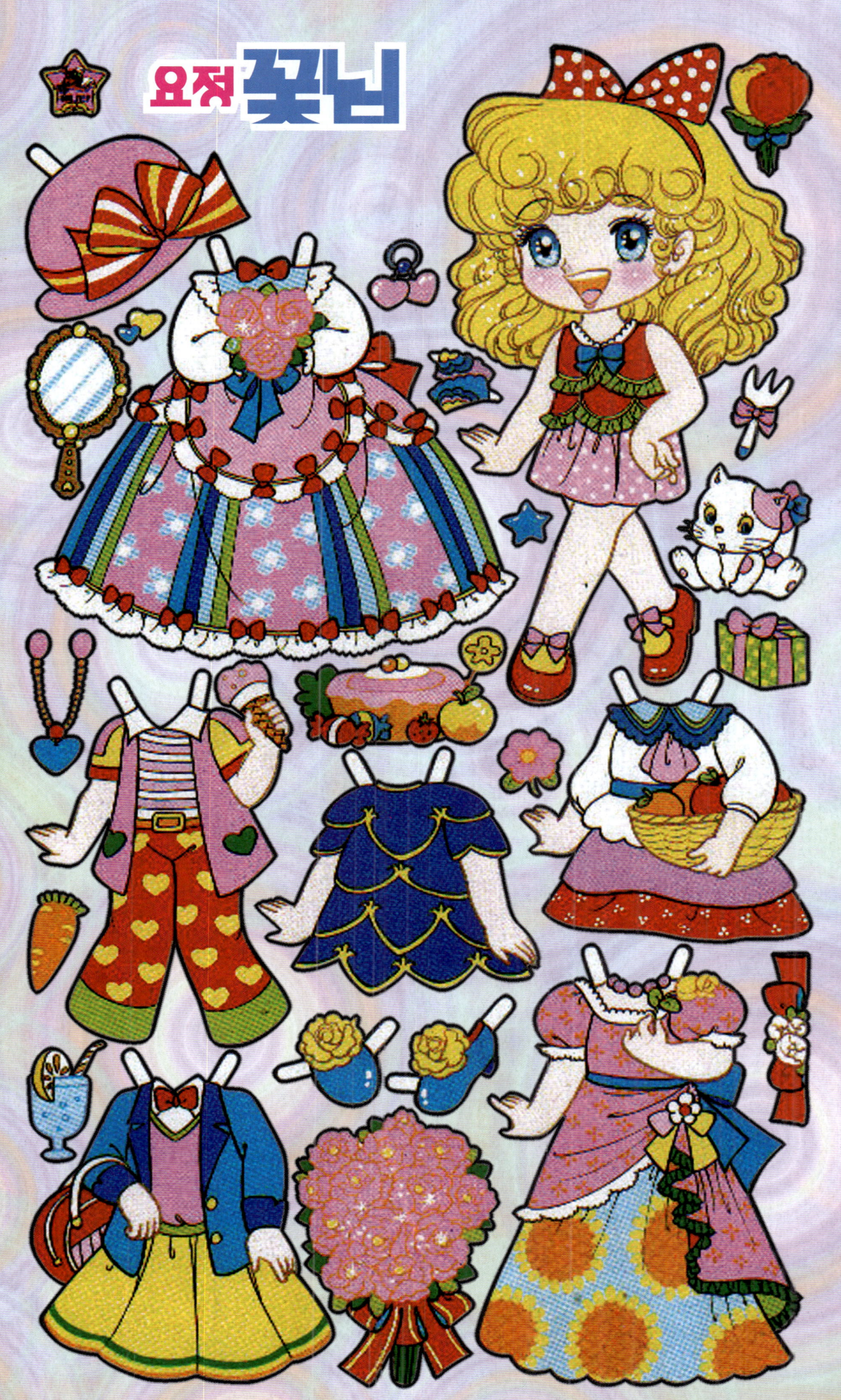

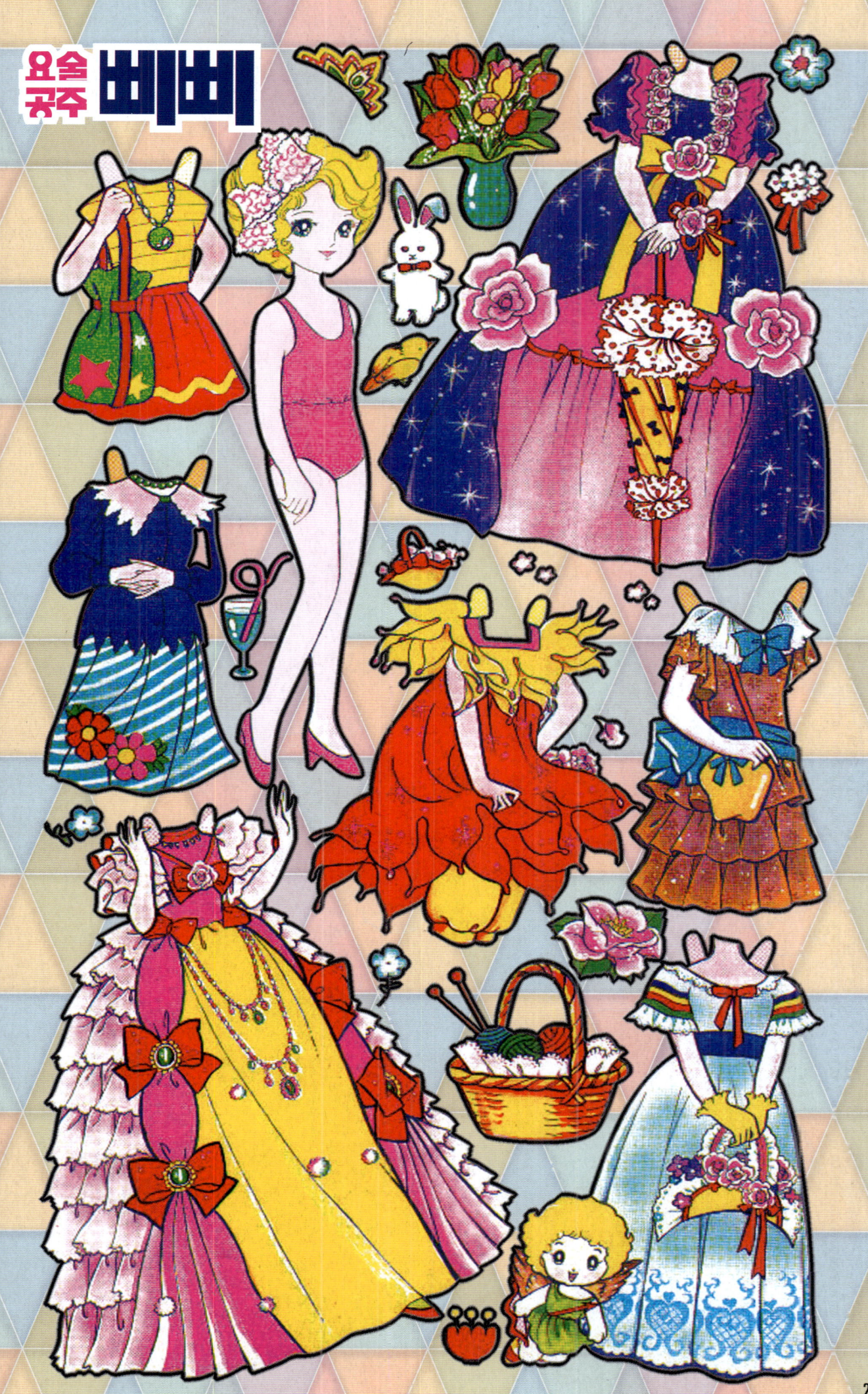

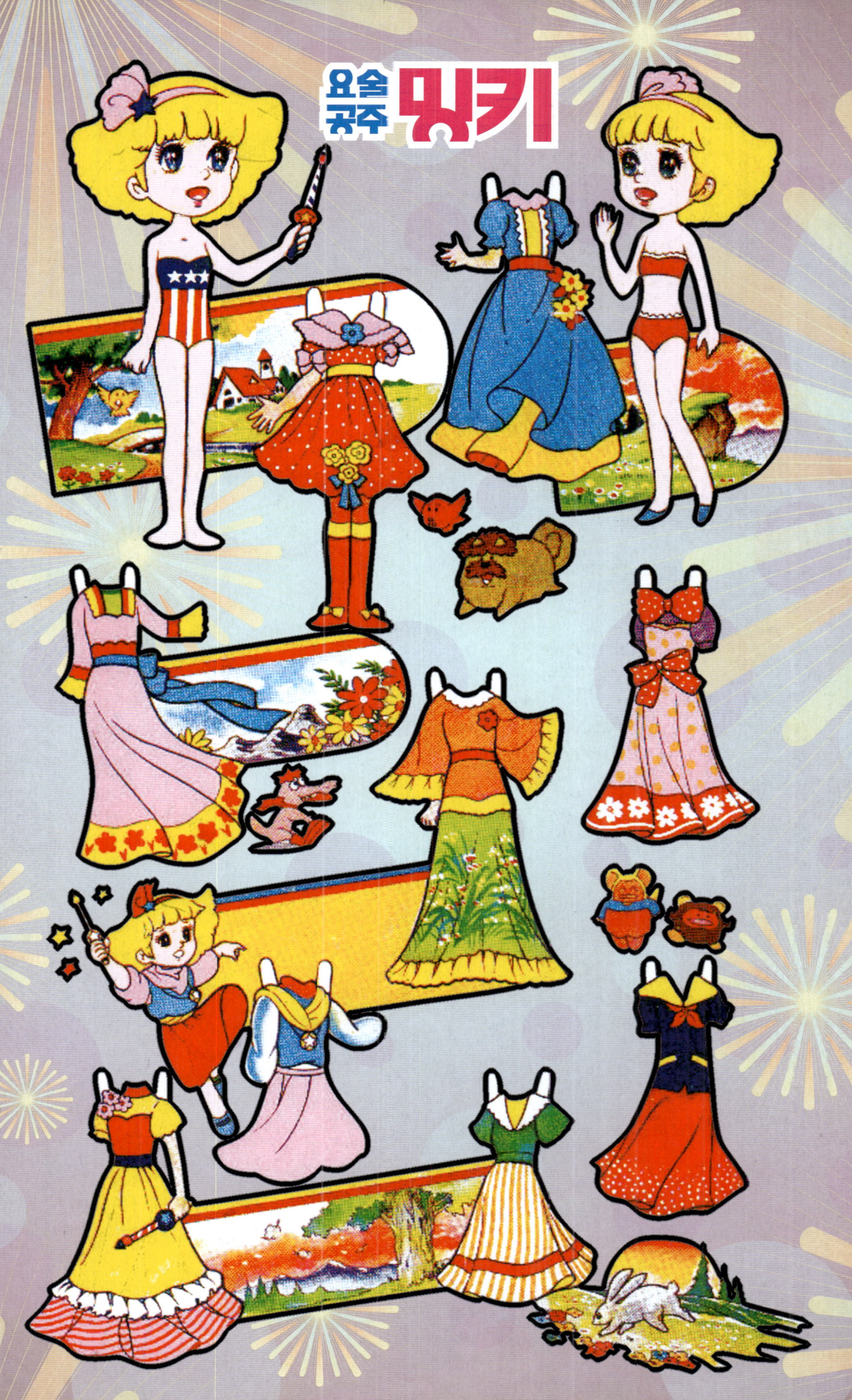

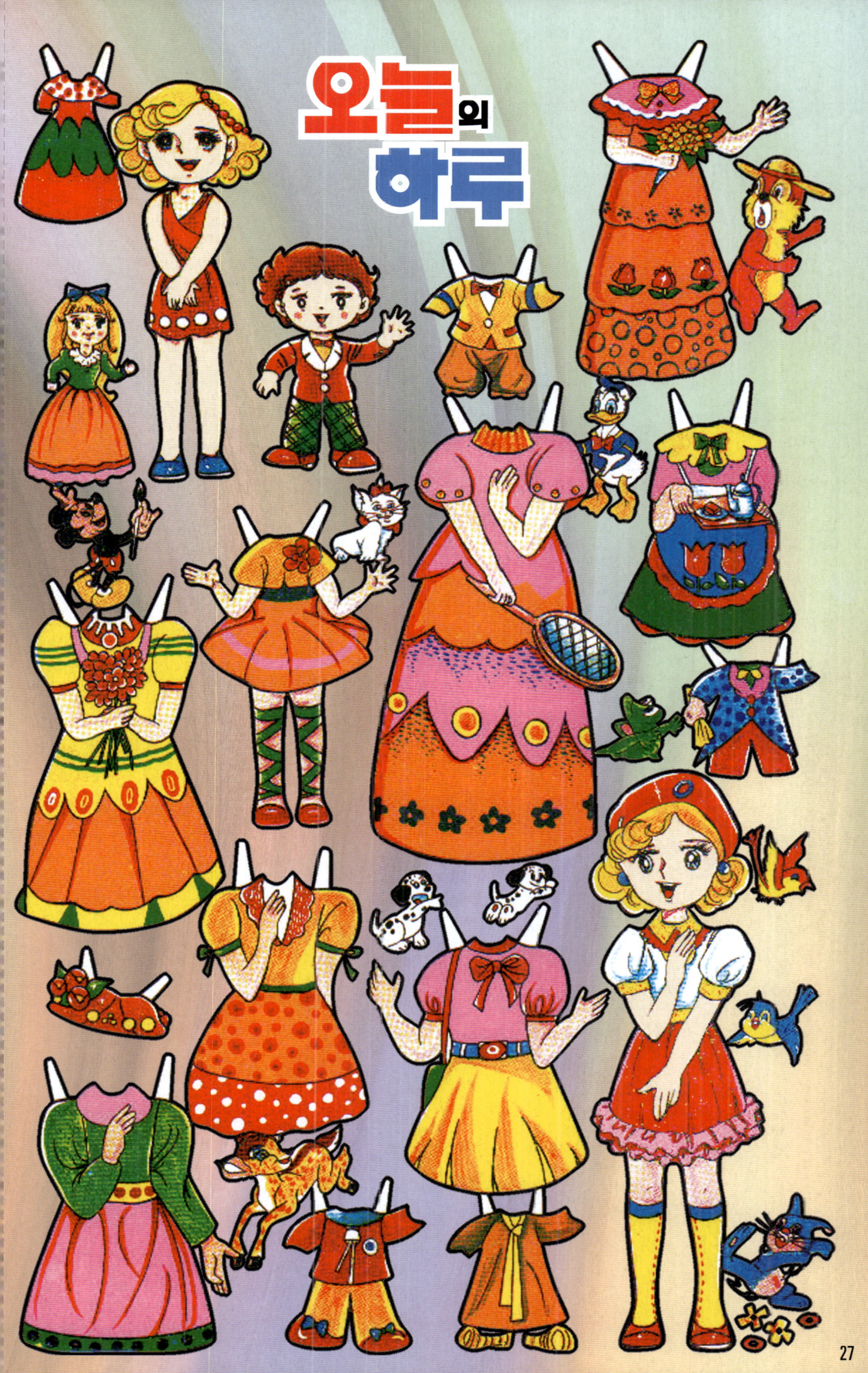

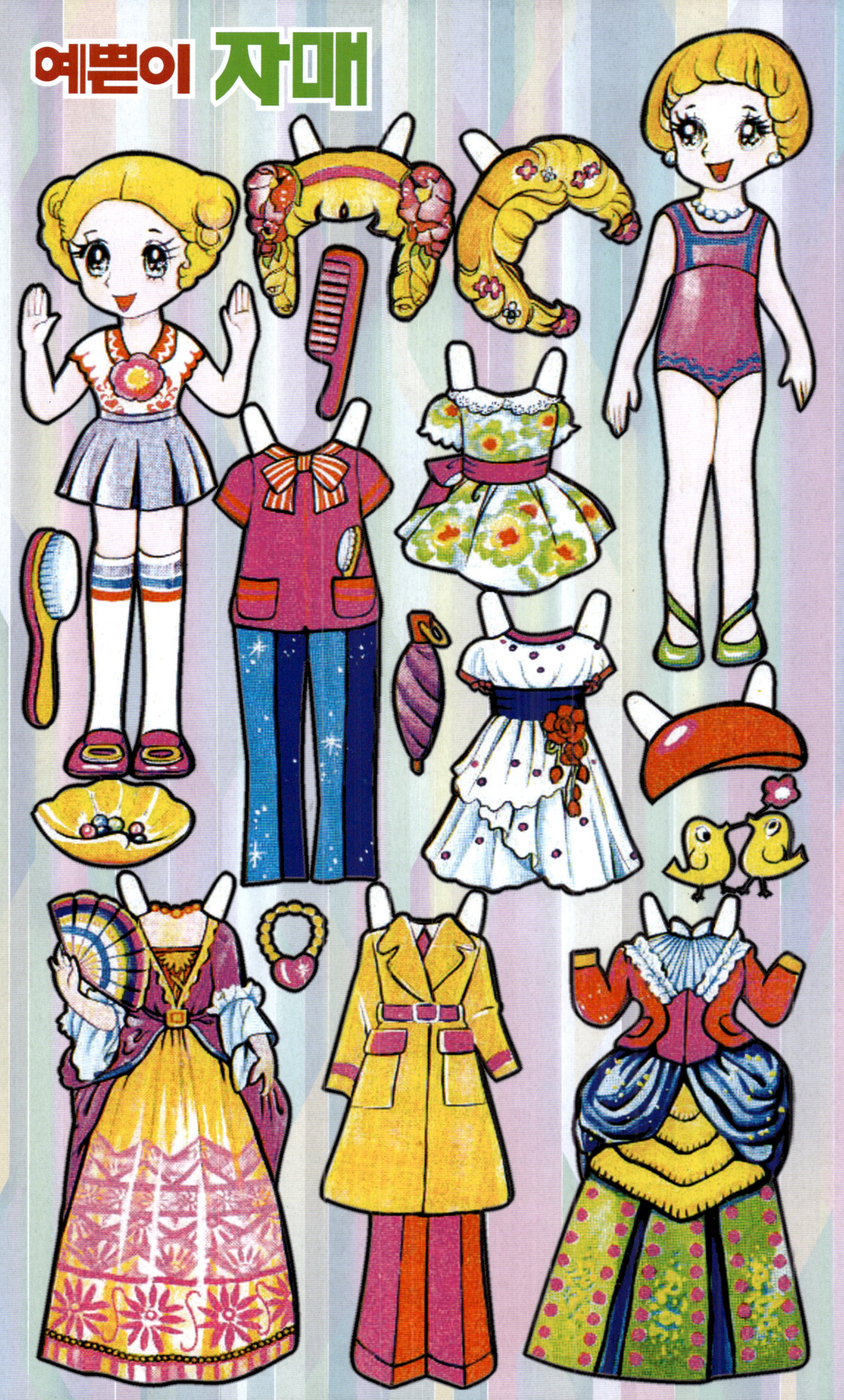

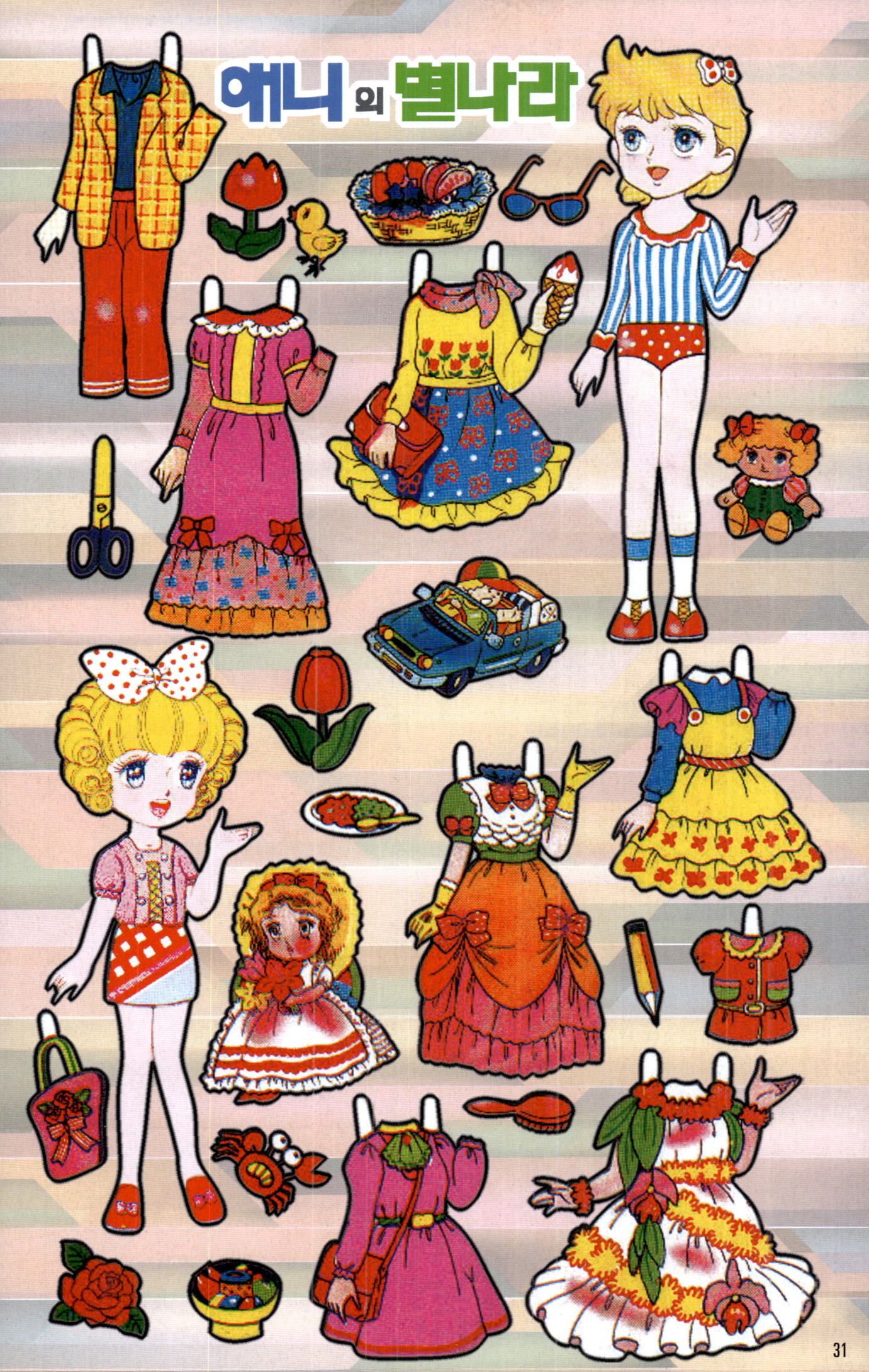

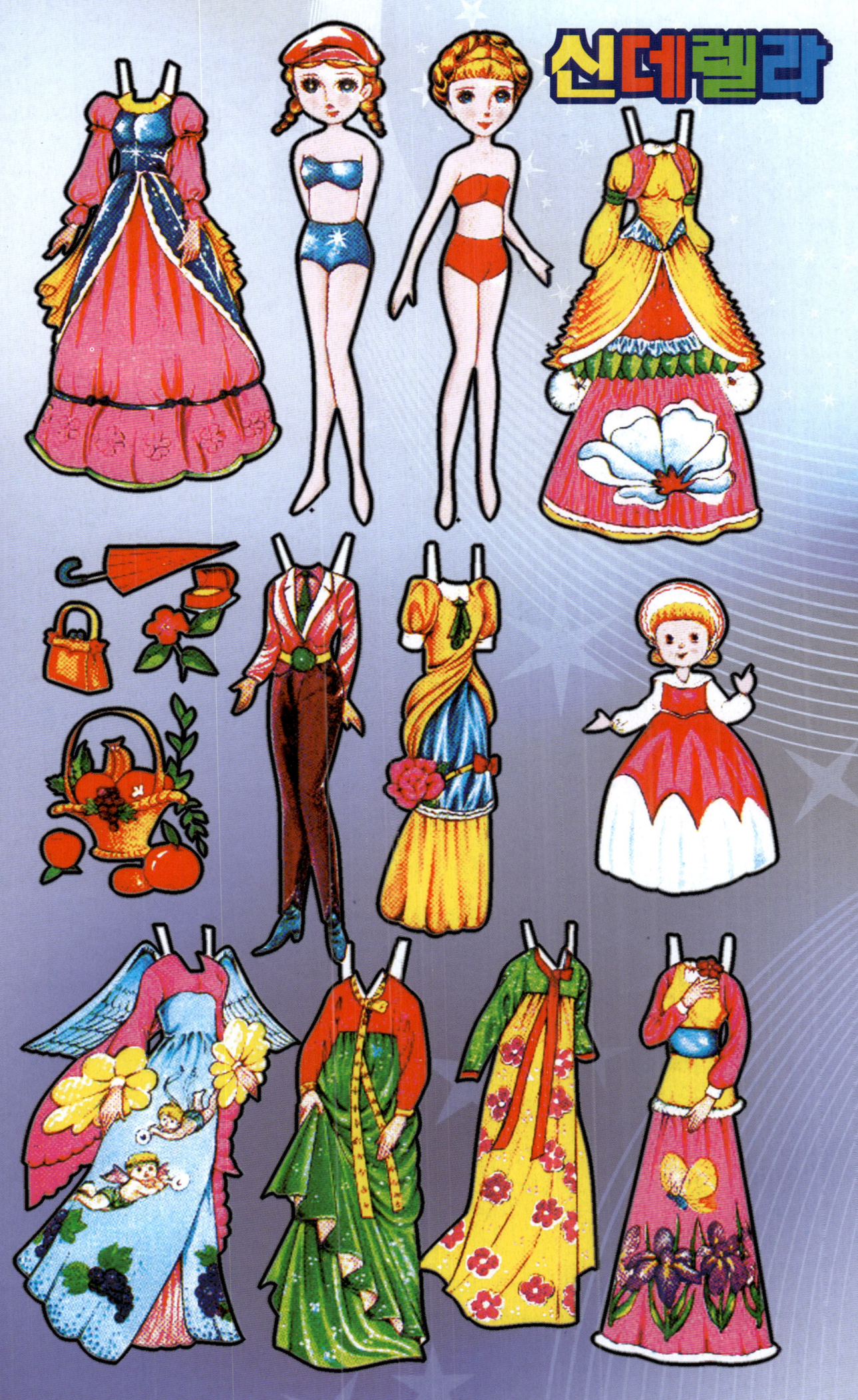

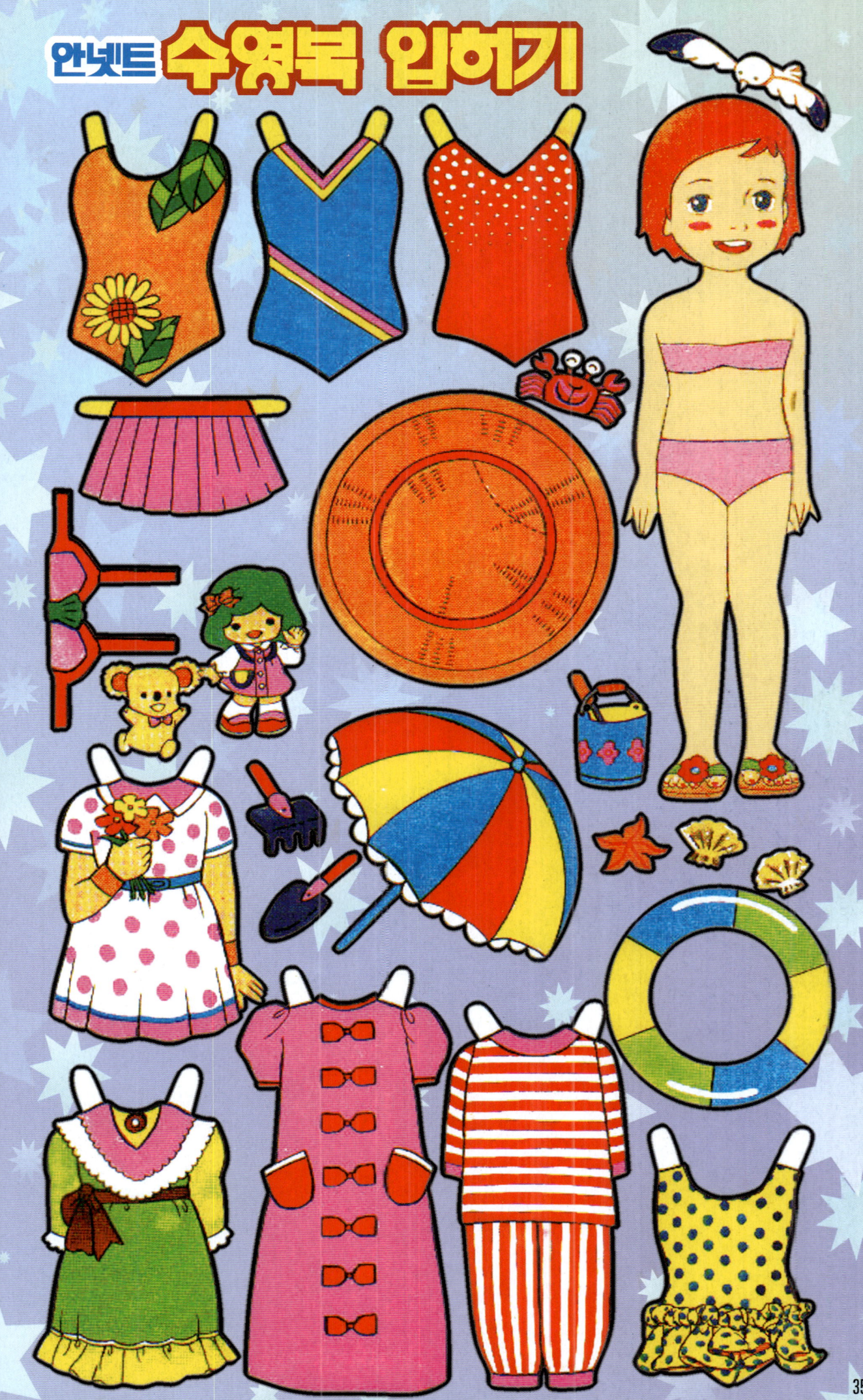

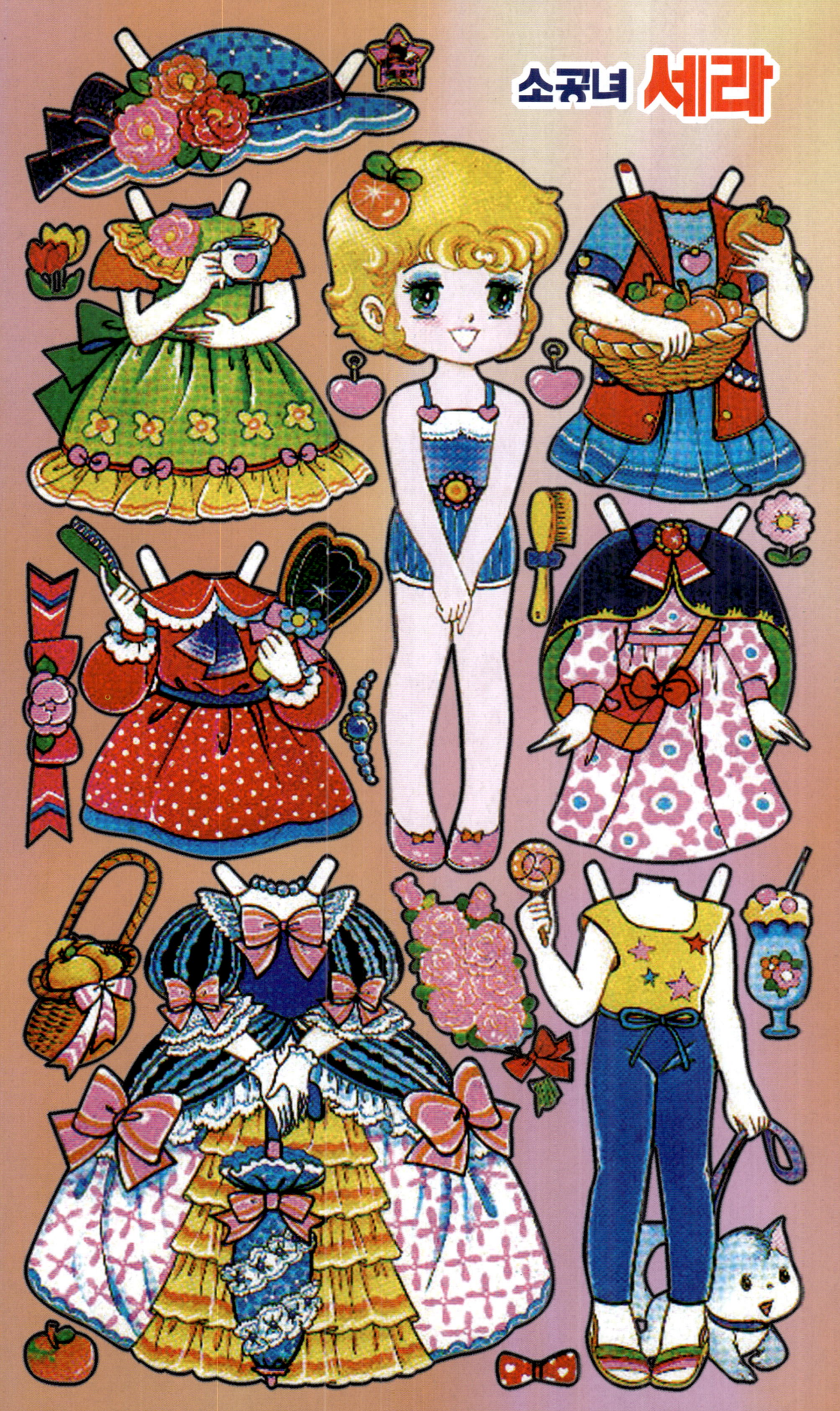

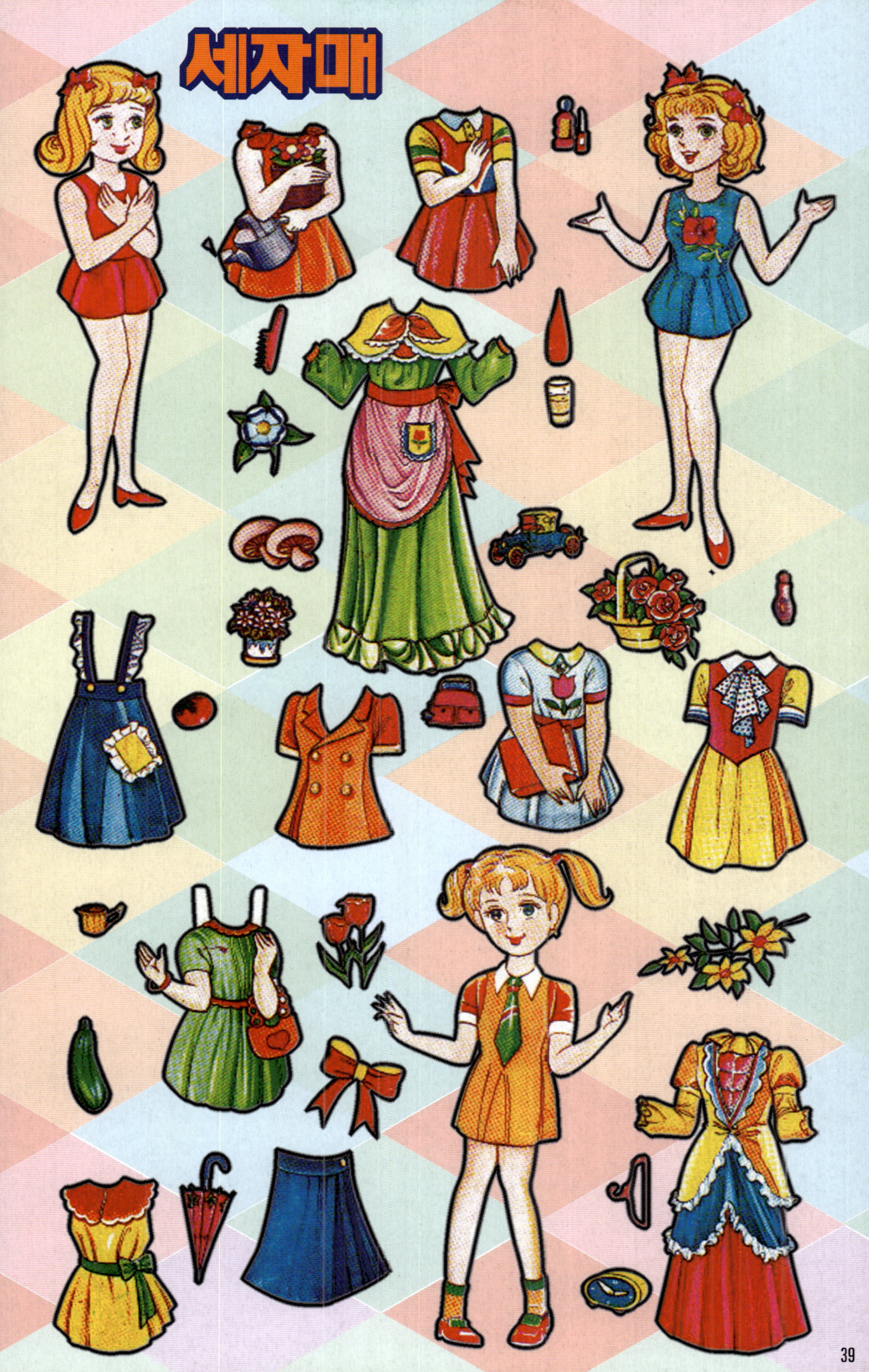

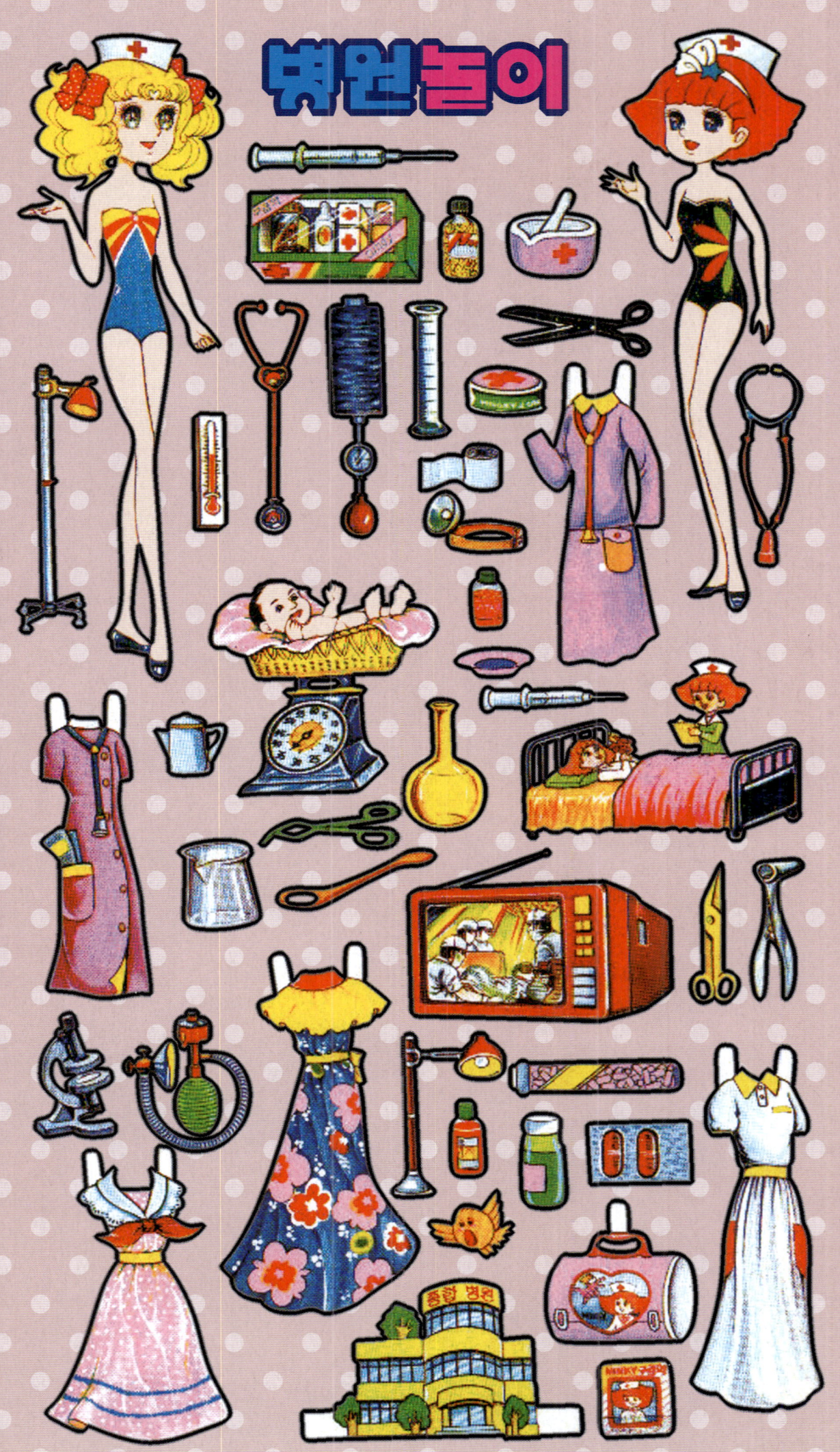

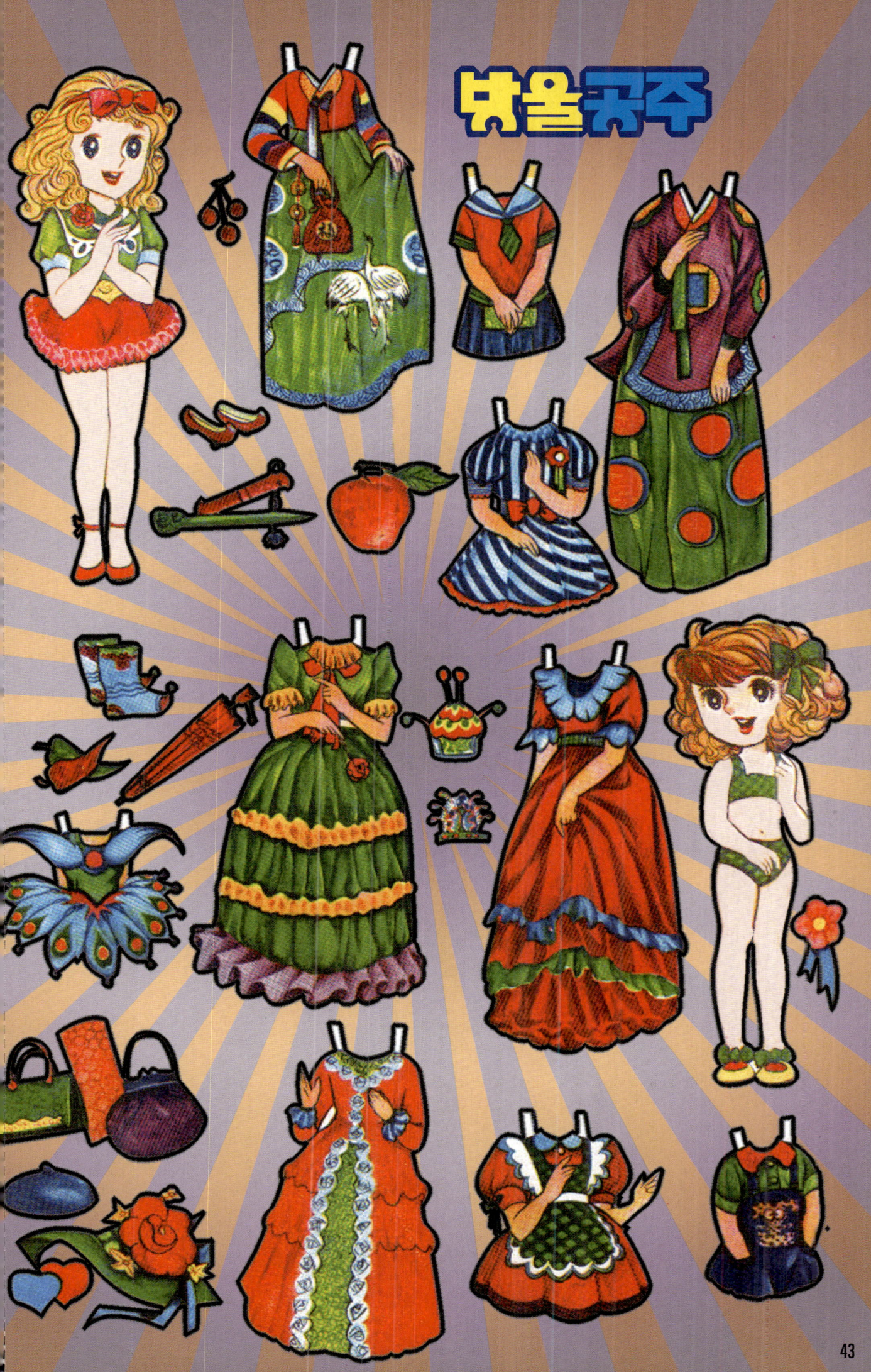

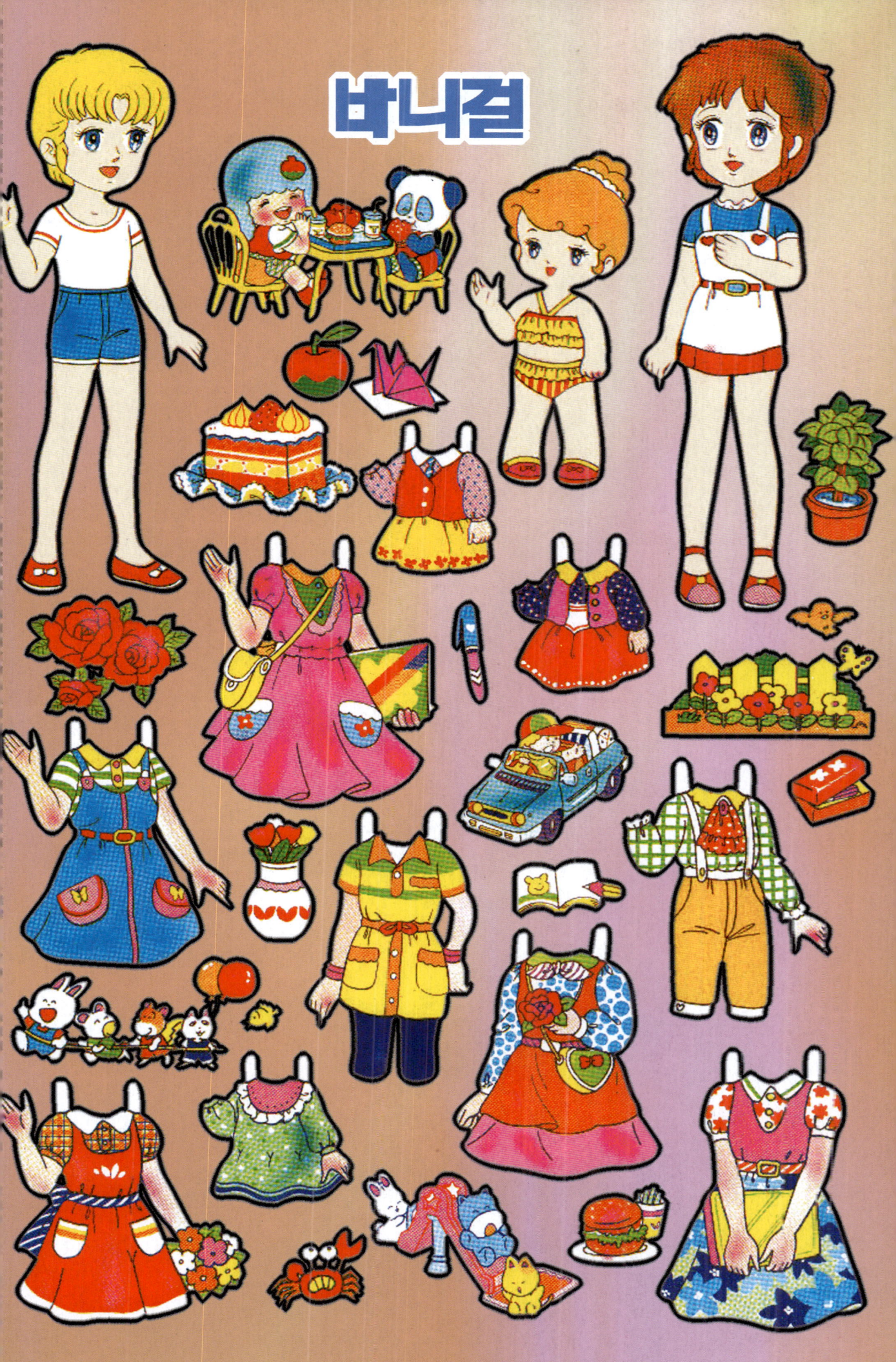

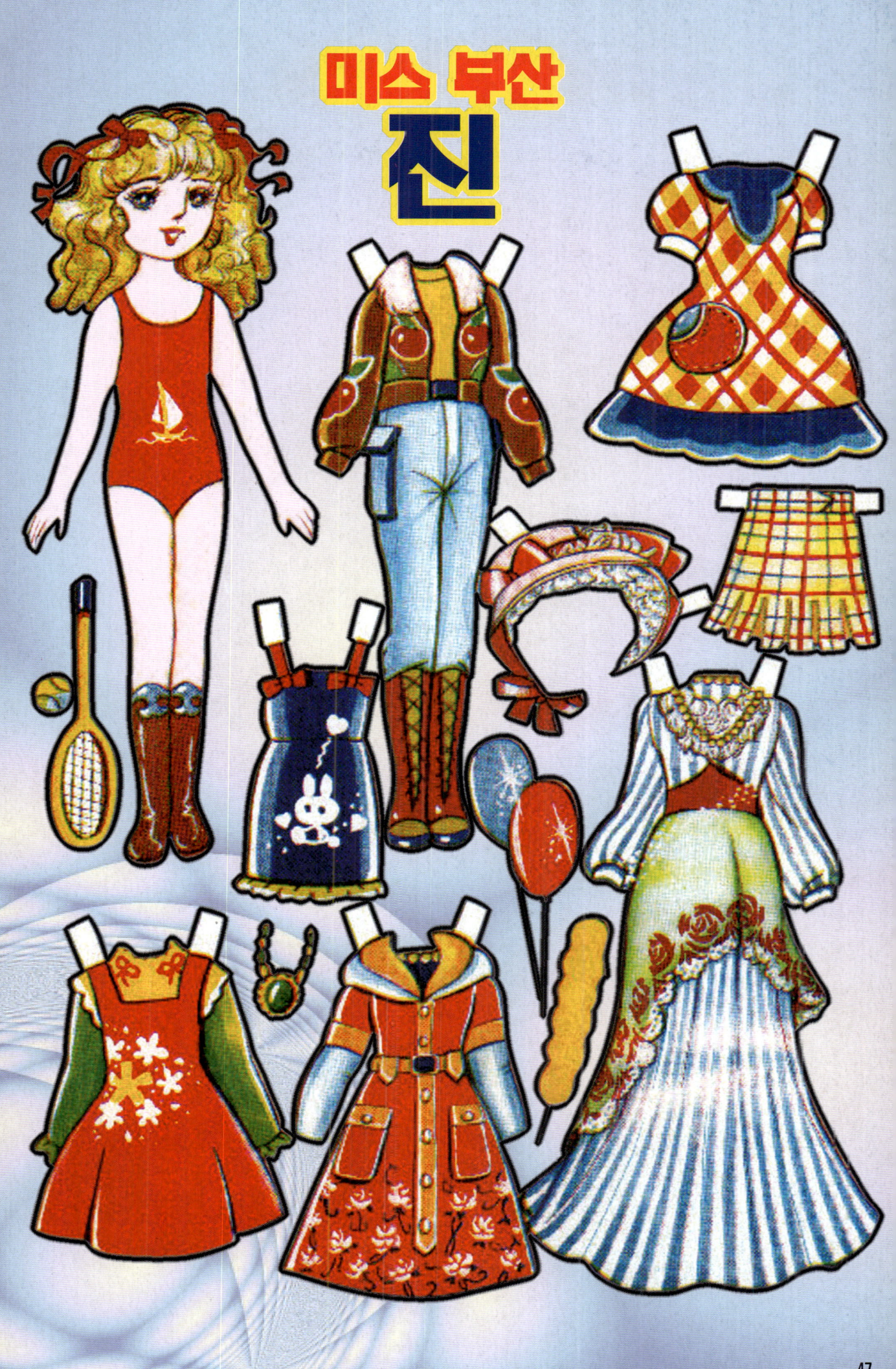

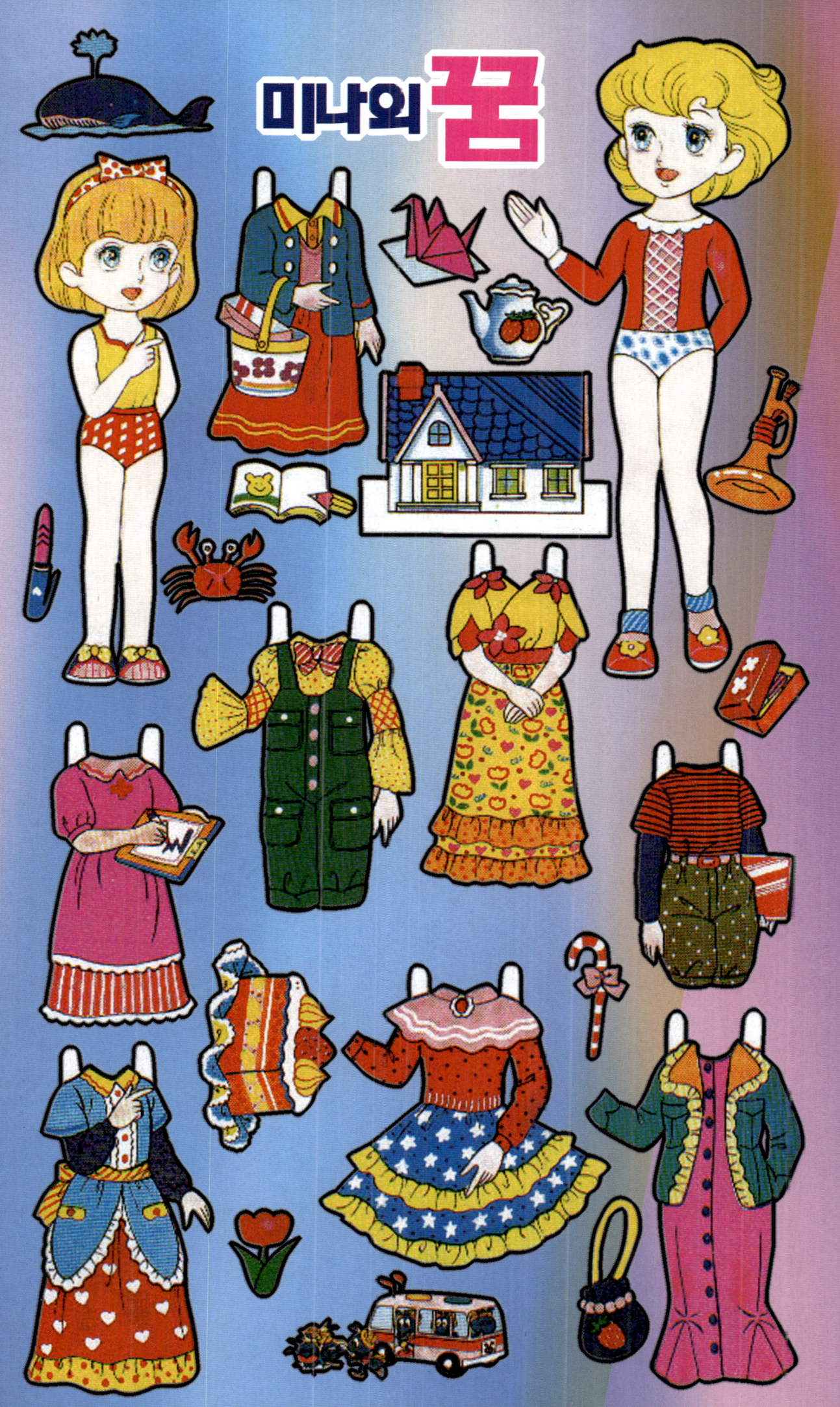

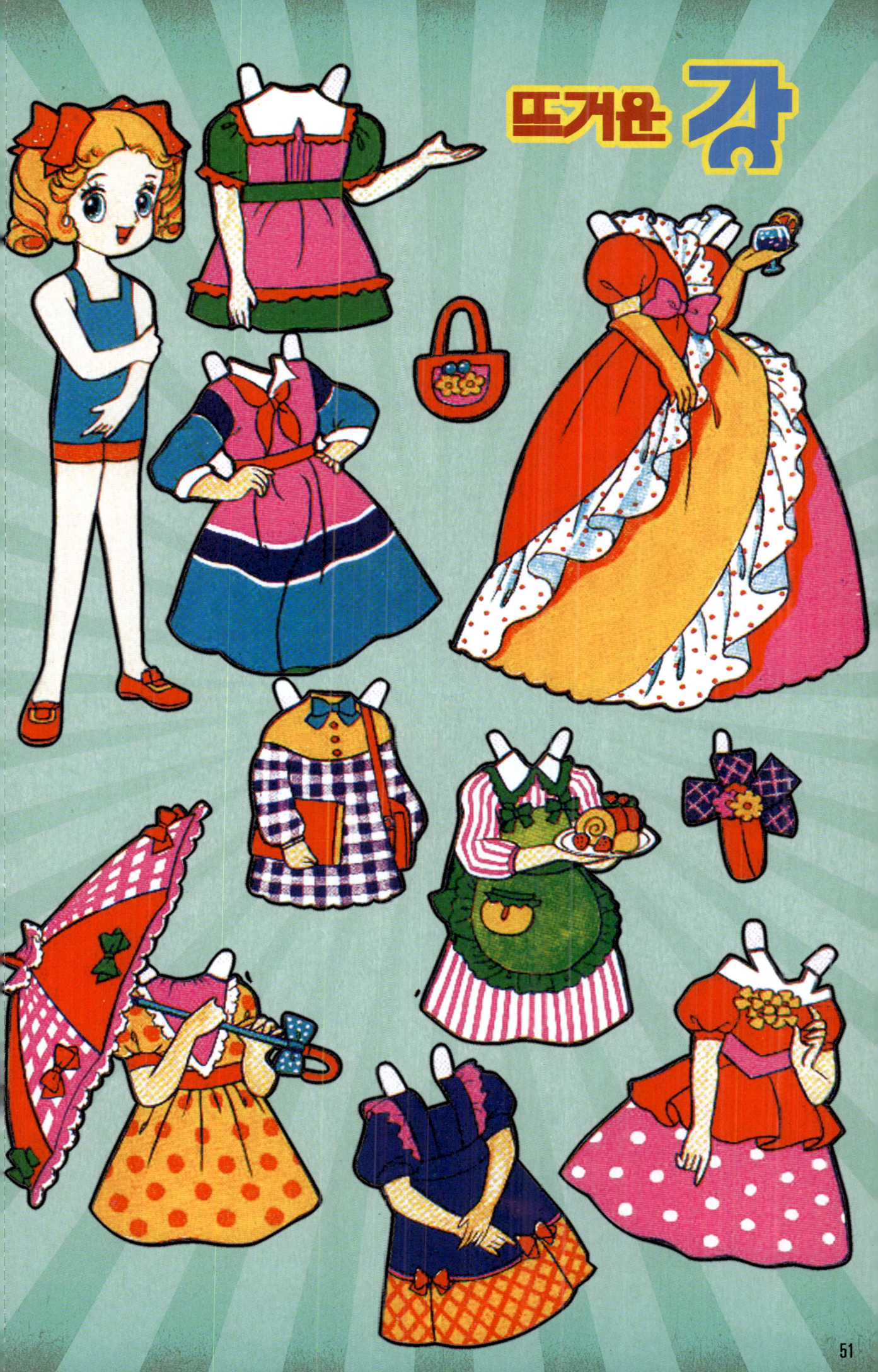

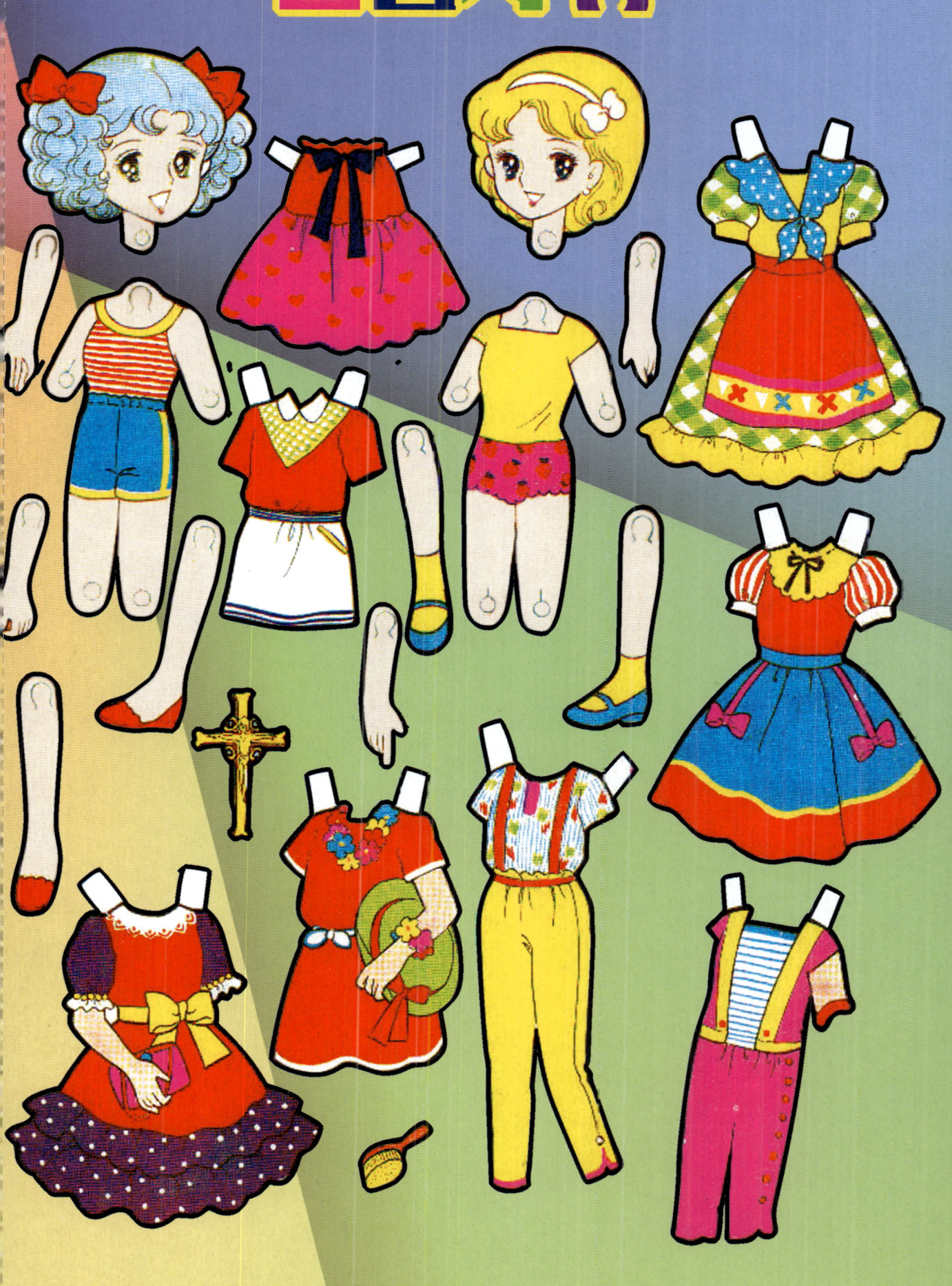

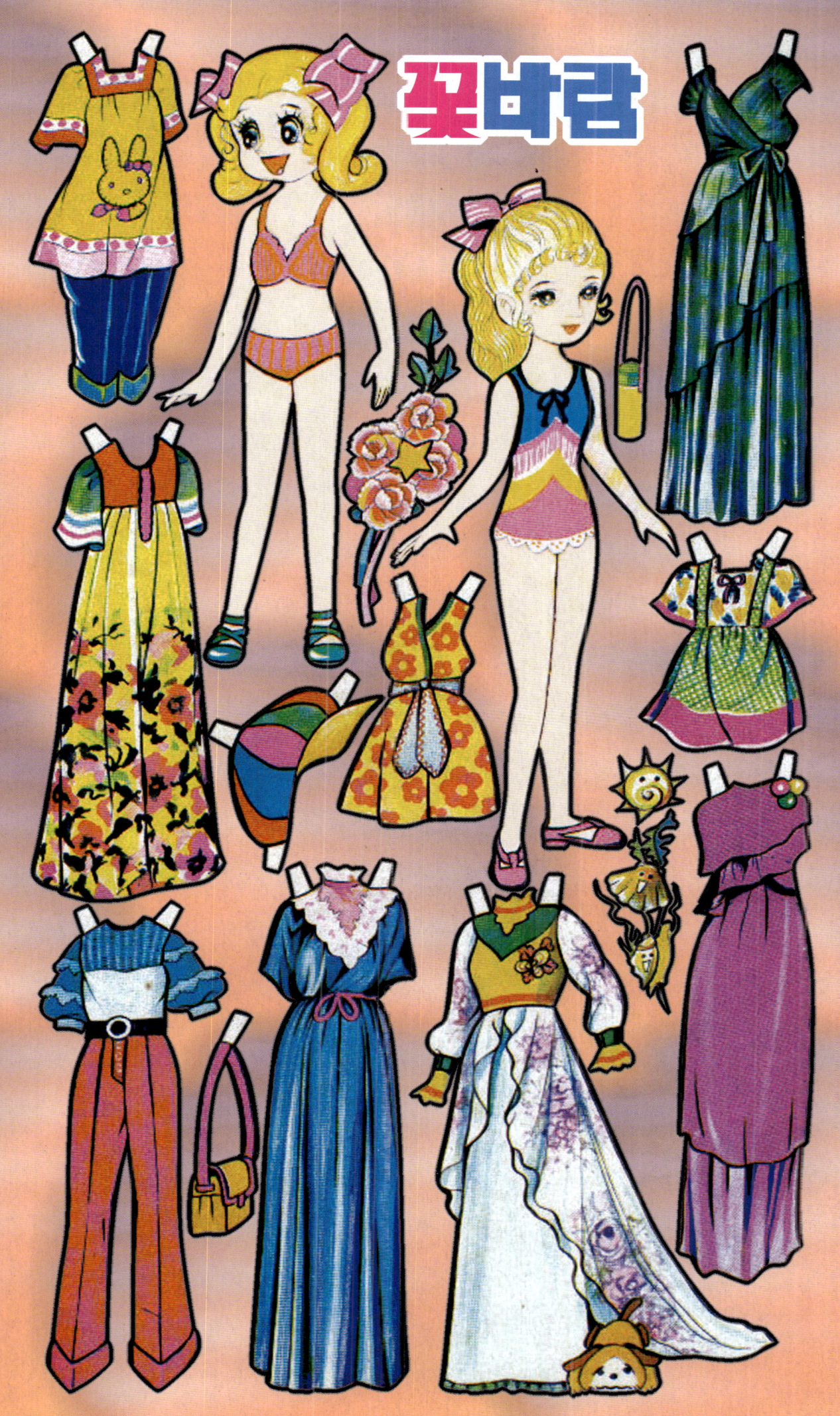

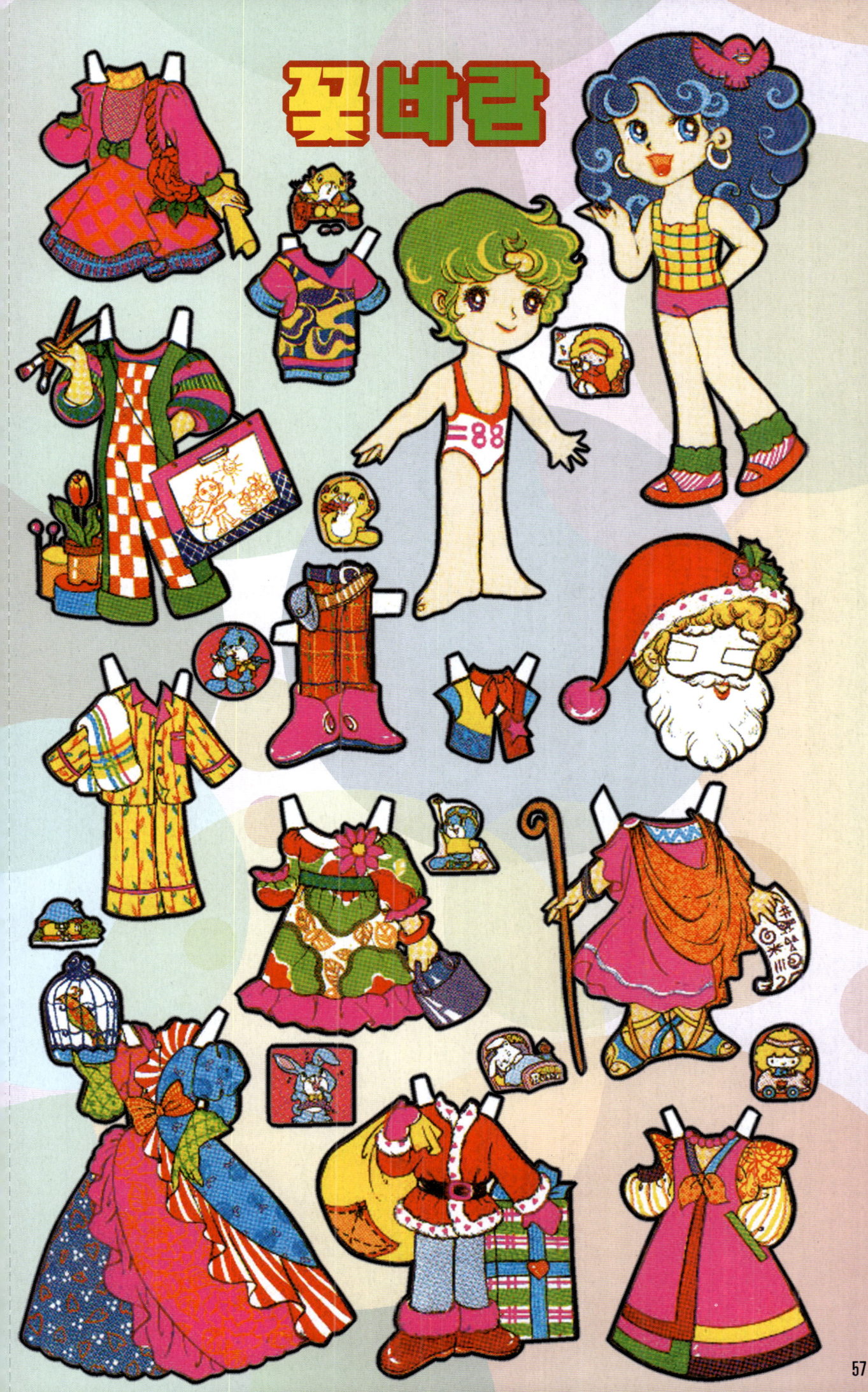

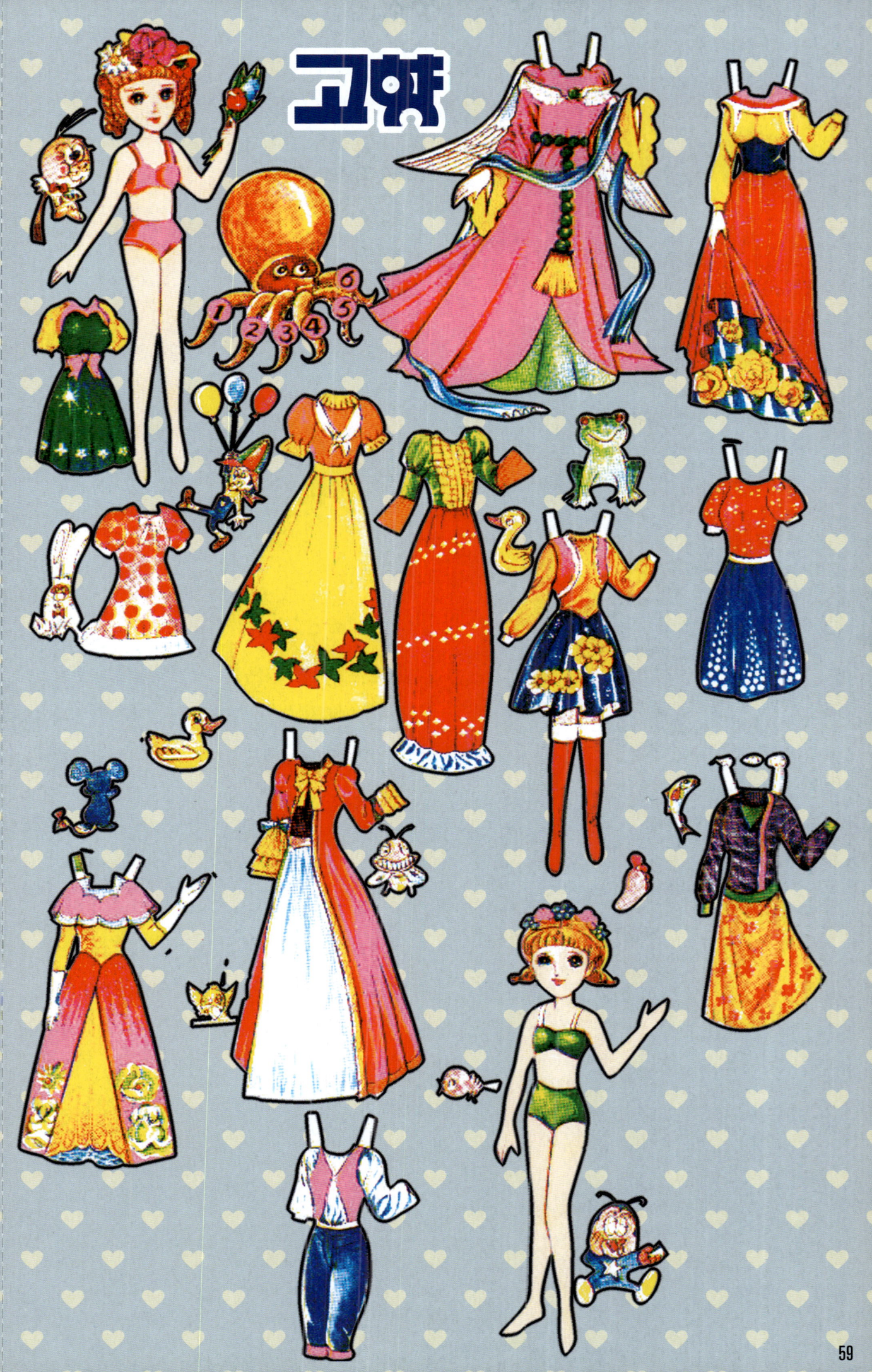

감사합니다

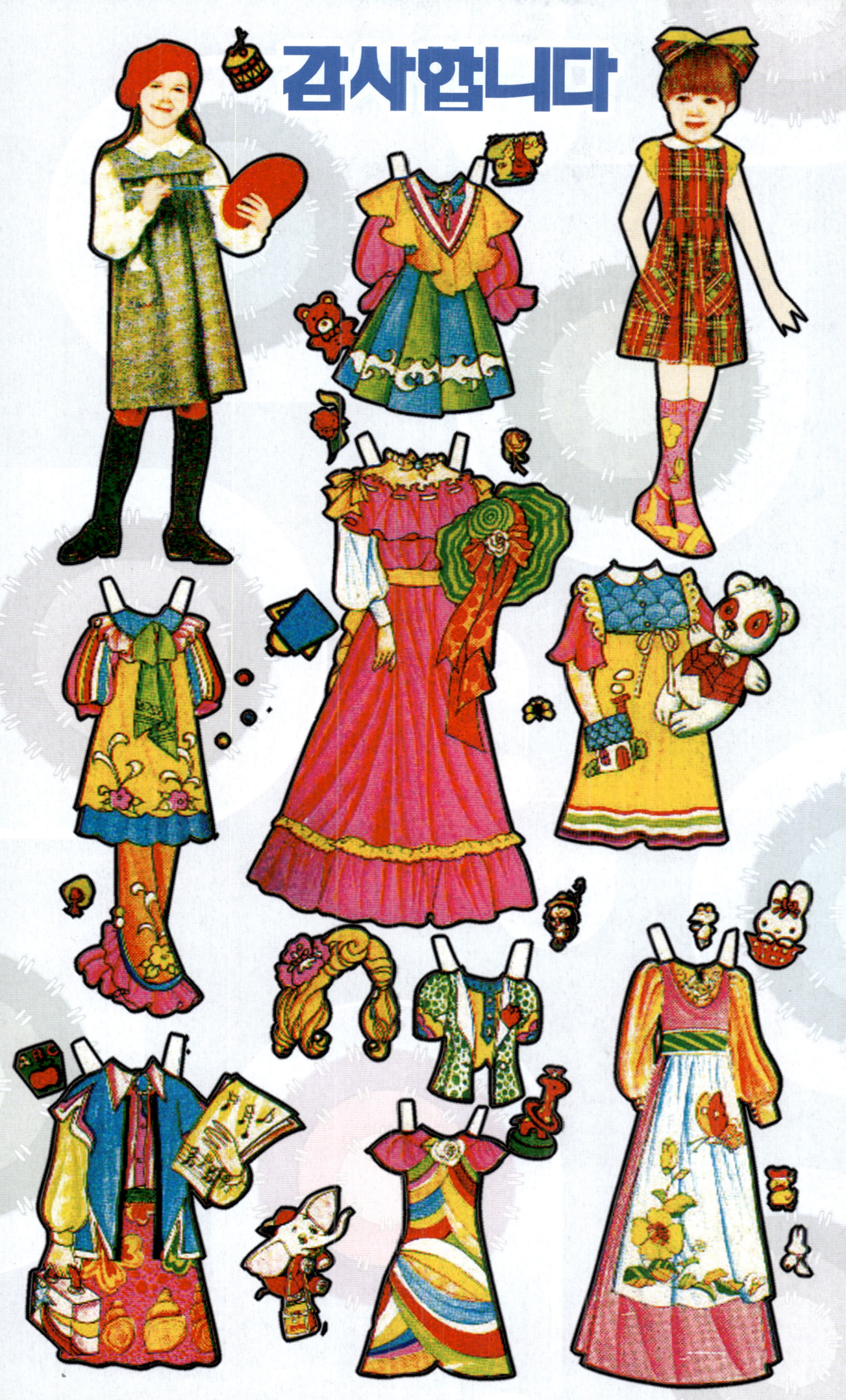

응답하라, 추억의 그시절 종이인형만들기

발행일 2016년 4월 10일
엮은이 북아띠편집팀
디자인 블룸 김현수
펴낸곳 북아띠
펴낸이 강나루
주소 서울시 성동구 행당동 192-29 성동샤르망 1019호
전화 070-7808-5465
등록번호 제206-86-53244
ISBN 978-89-97827-89-3 14630
이메일 bookthink2@naver.com
Copy©2016 북아띠